Bf
A&K

Richard EVO Jecht

AUFBRUCH

AUS DER KRISE?

Band II des Essays „Wir sind Krise"

•

Ein Beitrag zur Debatte um die Dauerkrise
und die aktuelle Gesellschaftstransformation
in Deutschland und Europa

Bücher für Alle & Keinen, Bamberg

wir-sind-krise.de

Inhalt

Im Gedenken an das unvorstellbare Leid, das viel-zu-viele Generationen von Kindern ertragen mußten.

Fünftes Kapitel · Aufbruch aus der Krise?

„Heinrich, der Wagen bricht.“ „Nein, Herr, der Wagen nicht, es ist ein Band von meinem Herzen.“ (Brüder Grimm)

Dies ist der zweite und abschließende Band des Wissenschaftsessays „Wir sind Krise“. In diesem zweiten Band veröffentliche ich das fünfte Kapitel der Abhandlung, das separat zu publizieren mir wegen des Umfangs und des Inhalts ratsam erschien. Es gilt, was ich bereits im ersten Band ausformulierte: „Um alle Gesichtspunkte aufzuzeigen, die für das Verständnis des Themas moralbedingte Krise notwendig sind, mußte ich ein fünftes Kapitel verfassen, in dem ich auf grundlegende psychologische und soziopsychologische Aspekte eingehe (vgl. drittes Kapitel, S. 235).“ Es ist zwar nicht notwendig, den ersten Band gelesen zu haben, um das im fünften Kapitel Dargestellte nachvollziehen zu können; doch den ersten Band verinnerlicht zu haben, ermöglicht ein tieferes und umfassenderes Verstehen.

Da ich im ersten Band, salopp gesagt, ausgeführt habe, was sich überlebt hat und in der „Schlacke“ der herrschenden Doppelmoral feststeckt, geht es mir jetzt darum, einen Weg zu skizzieren, der – wenigstens auf lange Sicht – aus dem moralischen Dilemma herausführt oder vielmehr: herausführen kann. Kann, denn ich will keine apodiktische Vorhersage und erst recht keine Heilsaussage treffen, will keinesfalls so tun, als befände ich mich im Besitz der Wahrheit, oder als stünde der Ausgang der sich aktuell vollziehenden Gesellschaftstransformation etwa schon fest. Nein, der Ausgang dieser Transformation bleibt bis auf weiteres ungewiß und die Frage bestehen, ob es uns gelingen wird, den „Aufbruch aus der Krise“ zu bewerkstelligen, also die Überwindung der herrschenden moralischen Struktur zu meistern.

Zur Erinnerung daran, wie wichtig die Moral für die Beschaffenheit der Gesellschaft ist, füge ich einen weiteren kurzen Auszug aus dem ersten Band an: „Die Moral ist das unverzichtbare Herrschaftsinstrument, das der Durchsetzung und der Aufrechterhaltung patriarchaler Macht zugrunde liegt. Sie dient den Eliten sowohl zur Legitimation ihres Machtanspruchs als auch zur zielgerichteten ‚Hervorbringung‘ einer leicht beherrschbaren Masse. Jede zur Herrschaft gelangte Moral gibt, als übergeordnete Wertestruktur und herrschendes Individuationsprinzip, den ‚Bauplan‘ vor, anhand dessen die konkrete, im Namen der Erziehung sanktionierte psychische Aufspaltung des einzelnen von den Eltern und von den Vollstreckern gesellschaftlicher Gewalt, etwa von den Priestern und Lehrern, vorgenommen wird (vgl. drittes Kapitel, S. 232)."

Die Grundsatzfrage, die jeder für sich beantworten muß, lautet: soll die Aufspaltung des Selbst und der Menschenwelt, die durch die Hybridformen der Moral (vgl. Band I) verursacht wird – also durch die bürgerliche, sozialistische und faschistische Doppelmoral –, fortgesetzt werden? Oder soll stattdessen der Versuch unternommen werden, die herrschende moralische Struktur zu überwinden, um zu einem anderen Ausgangspunkt kulturellen Schaffens zu gelangen? Dies scheinen mir, sehr schematisch ausgedrückt, die an den herrschenden Realitäten orientierten Optionen des westlichen Menschen am Ausgang des 21. Jahrhunderts zu sein. –

Beim Themenkomplex „Moral und Überwindung der Moral" ist man gut beraten, vorsichtig zu agieren und den Stoff, an dem man sich versuchen will, mit Bedacht auszuwählen. Immerhin hat die Forschung inzwischen bestätigt, daß zur Grundausstattung des Menschen auch ein angeborener Moralinstinkt gehört. Er ist wahrscheinlich durch den nunmehr bereits jahrtausendealten Prozeß der im Zeichen der herrschenden Werte erfolgten Konditionierung der Nachkommenschaft entstanden und läßt sich, je nach den zur Anwendung kommenden Methoden der Erziehung, auf unterschiedliche Weise entwickeln.

Bachofen, Marx, Nietzsche, Freud und Erich Neumann haben hinsichtlich der Erforschung der Moral Bahnbrechendes geleistet. Marx hat darauf hingewiesen, daß jede zur Herrschaft gelangte Moral immer nur der ideologische Abglanz historischer Besitz- und Produktionsverhältnisse ist. Nietzsche faßte jede geschichtliche Moral als einen Ausdruck der Machtwillen durchsetzungsfähiger Gruppen oder Individuen auf. Sein Grundsatz lautet: mein Wille ist mein Königreich, weil ich gar nicht anders kann, als der zu sein, der ich schicksalhaft bin („amor fati“)! Laut Freud wird das Ich vom Über-Ich, das die Gebote der herrschenden Moral beinhaltet und „vertritt“, fortwährend kontrolliert und gemaßregelt, etwa am Ausleben der Triebe gehindert, während das Es das Umgekehrte will: das Ich zum Ausleben der Triebe verleiten. Dann wäre da noch Erich Neumanns – an Bachofen und Jung angelehnter – „kollektives Unbewußte-Ichbewußtsein“-Antagonismus, dem zufolge das Ichbewußtsein, das sich aus dem kollektiven Unbewußten phylogenetisch und ontogenetisch herausentwickelt habe, prinzipiell Gefahr laufe, von den Inhalten des kollektiven Unbewußten überwältigt und besetzt zu werden: weshalb es nötig sei, daß das Ichbewußtsein vom Über-Ich wie von einem aus immateriellen Werten gebildeter Festungswall umgeben und geschützt werde.

Tatsächlich können wir das sittliche und moralische „Material“, aus dem das Über-Ich „gemacht ist“ und von dem wir fortwährend beeinflußt werden, zum jetzigen Zeitpunkt noch gar nicht überblicken, geschweige denn rational analysieren, weil vieles davon dem Ichbewußtsein (noch) unzugänglich ist. Die Schwierigkeit besteht ja nicht nur darin, daß das einmal Introjizierte und Internalisierte unser Verhalten in der Regel auf unbewußte Weise, gleichsam instinktiv, steuert; sondern auch darin, daß der hypermoderne Mensch außerdem Erbe und Träger einer schier unübersehbaren Vielfalt unterschiedlicher Moralen, Sitten und Bräuche ist, deren Inhalte zu einem Großteil der kollektiven Verdrängung anheimgefallen und dem Bewußtsein daher ebenfalls unzugänglich sind.

Zudem lassen sich sinnvolle Aussagen über die in einer von einzelnen vollzogenen Handlung zum Ausdruck kommende Moralität oder Immoralität immer nur in Relation zur aktuell herrschenden oder zu einer anderen geschichtlichen Moral treffen, weshalb auch jede immoralische oder amoralische Handlung prinzipiell der Moral zugehört, immer nur einen negativen Spezialfall der herrschenden Moral darstellt.

Sollte jemand in Zukunft tatsächlich über alle bisherige Moral hinausgelangen und die eigene Lebenswirklichkeit gänzlich unbeeinflußt von ihr einrichten können, erübrigten sich auch die Begriffe „moralisch und immoralisch“. Für einen solchen Fall müßte eine andere Bezeichnung gefunden werden, die das Außerhalb-aller-Moral-Stehen als etwas Positives und Eigenständiges zum Ausdruck bringt.

Bis auf weiteres aber kann der einzelne die Moral nicht gänzlich überwinden, weil alle in dem Dilemma stecken – auch die (selbsterklärten) Immoralisten! –, die Tyrannei der internalisierten Werte oder, wie man heute zu sagen pflegt, der internalisierten sozialen Normen, nur bedingt durchbrechen zu können, nur bis zu einem gewissen Grad. Aussagen und Aufforderungen der Art, daß man sich von jeglichem durch Prozesse der Konditionierung erworbenem Verhaltensmuster befreien könne oder solle, entspringen irrationalen Idealvorstellungen, die mit der Lebenswirklichkeit des hypermodernen Menschen nichts zu tun haben.

Dennoch beruht die Macht zur Modifizierung und letztlich auch zur Überwindung der herrschenden moralischen Struktur auf der jedem innewohnenden naturgegebenen Kraft zur psychophysischen Transformation. Genauer gesagt auf der Fähigkeit, das Verdrängte und Abgespaltene zu integrieren und den Aktionsradius des „wahren Selbst" (Alice Miller) dadurch immer mehr zu erweitern. Allen philosophierenden „Betonköpfen" (Satiremagazin TITANIC), den erzkonservativen und reaktionären Geistern unter den Denkern, zur Kenntnisnahme: es darf als erwiesen gelten, daß der Mensch – infolge der Entwicklung zum Großhirnrinden-Menschen, nicht wahr? – der Anlage nach über das notwendige Potential verfügt, sich auf psychischer Ebene willentlich zu ändern!

Was ist der Mensch? Bildlich gesprochen jenes Lebewesen, das sein Fellkleid gegen eine Welt innerer Erscheinungen eingetauscht hat, dem für jedes verlorene Haar ein Stück innere Welt gewachsen ist. Der ganze Putz und Schmuck, der „schöne Schein", der bei Pflanzen und Tieren hauptsächlich äußerlich in Erscheinung tritt, wuchs beim Menschen gleichsam nach innen und erscheint nunmehr in Form von Bildern und Symbolen, Gedanken und Ideen. Diese, je nach individueller Anlage, unterschiedlich ausgeprägten inneren Erscheinungswelten – bei einigen wäre freilich die Bezeichnung innere Wüste treffender – bestimmen das psychische Sein und das Selbstbild des Individuums sowie des Kollektivs, verführen das Individuum fortwährend zum Leben, zum Sich-selbst-Erfahren und Sich-selbst-Entfalten, und die im Kollektiv Aufgehenden zur Weiterentwicklung der Spezies: durch das unaufhörliche, bewußt oder unbewußt vollzogene Spreizen und Miteinander-Messen und Abgleichen ihrer „psychischen Gefieder", das unablässige „psychische Rad-Schlagen" (bei den Linken geschieht dies zum Beispiel in Form der Dauerproduktion logisch folgerichtiger, ökonomisch fundierter und bisweilen auch dialektisch ausgeklügelter Gesellschaftskritiken in Wort und Schrift).

Bei jeder psychischen Transformation sollten die Verstandes-, Gefühls-, Trieb- und Instinktebene möglichst gleichermaßen in den Prozeß eingebunden werden, weil das Abgespaltene und Verdrängte häufig aus Inhalten mehrerer Ebenen zusammengesetzt ist und daher auch mit unterschiedlichen Mitteln ins denkende und fühlende Selbst rückgebunden werden muß. Es gilt das Paradoxon: der Weg hinaus ist der Weg hinein. Der Weg der Selbstwerdung – sei es durch Psychotherapie, rationale Selbstreflexion, emotionale Selbstreflexion, geistiges Schaffen, Tanz, Meditation, Kontemplation – führt in die Gründe und Abgründe des Unbewußten hinein, um zum einen die unterdrückten und abgespaltenen Anteile des Selbst aufzufinden und diese Stück für Stück zu integrieren, zum anderen um den (selbst-)zerstörerischen Verhaltensmustern und Glaubenssätzen auf die Schliche zu kommen, damit sie im Zuge der Transformation neutralisiert werden können. Es ist ein schwieriger, aber erfüllender Weg, der jedem eine unschätzbar wertvolle Belohnung in Aussicht stellt: einmal ein selbstbestimmtes Leben führen zu können.

Im großen ganzen gesehen geht es darum, die durch die herrschende moralische Struktur bedingte dauerhafte Dissoziation und feindliche Entgegensetzung eines Teils der Anlagen individuell und schlußendlich auch kollektiv zu überwinden, um den Bau einer neuen Gesellschaft und (Hoch-)Kultur jenseits von Mutterrecht, Patriarchat und moderner Klassengesellschaft vorzubereiten, ja vielleicht schon in Angriff nehmen zu können (vgl. Teil IV dieses Kapitels).

2

Um dem Leser einen Eindruck davon zu vermitteln, wie ein

Versuch der Überwindung der herrschenden moralischen Struktur aussehen kann, werde ich im folgenden einen psychischen Transformationsprozeß skizzieren. Zur Erinnerung: wenn ich von der Überwindung der herrschenden moralischen Struktur spreche, dann immer nur von der Überwindung der extremen Aufspaltung eines Teils des Selbst in feindlich entgegengesetzte Persönlichkeitsanteile, weil die Überwindung der Moral im ganzen bis auf weiteres nicht möglich ist. Die Grundvoraussetzung dafür, daß eine Milderung der Spaltung dauerhaft verwirklicht werden kann, ist die von jedem ohne Wenn und Aber zu treffende Entscheidung, einen Bruch mit der herrschenden moralischen Struktur zu vollziehen.

Wer eine Versöhnung der auseinandergerissenen Seiten des Selbst herbeiführen will, muß den Abstieg ins Unbewußte, ins „Dunkel" der Innenwelt, wagen und zu einer „Nachtmeerfahrt" (C.G. Jung) aufbrechen, um sich der verdrängten Gefühle und der abgespaltenen Anteile bewußt zu werden und um sie schließlich ins denkende und fühlende Selbst zu integrieren. Wer es beginnt, ist zunächst ausschließlich auf die eigene nackte Zerrissenheit zurückgeworfen. Man trägt ja nichts Stabiles, Rundes, Festes, in sich, sondern die Bruchstücke und Verwerfungen des eigenen Naturells. Man kann nicht wissen, was einem widerfahren wird: im guten wie im schlechten, vor allem aber im „bösen". Was in den „Verliesen" des Unbewußten lagert, was in stillen Winkeln lauert und schlummert, – niemand kann vorhersehen, was er dort aus seinen Träumen reißt. Vielleicht ist es gesünder, ratsamer, die Sonne zu genießen und schlafende Ungeheuer nicht zu wecken? Es lauern dort ja nicht nur die selbsterschaffenen Monster, sondern auch die von den Eltern und Vorfahren entwickelten sowie noch weit ältere „Geschöpfe", etwa die Große Mutter in ihrer furchtbaren Gestalt.

Ob man alleine aufbricht oder sich Hilfe holt, eine Person

des Vertrauens miteinbezieht, die den Prozeß begleitet, überwacht, sichert, Schatzsucher und „Drachenbändiger" und Hebamme der verdrängten Gefühle in einer Person, – zuletzt ist und bleibt man allein bei dem Versuch, die moralbedingte, psychisch verfestigte Spaltung eines Teils des Selbst zu mildern (ohne professionelle Begleitung gehts freilich nicht).

Was, wenn sich nach dem Gang durch die „Unterwelt des Bewußtseins" herausstellt, daß man als eine andere Person zurückgekehrt ist als jene, die man vorher zu sein glaubte? Daß vieles, was einem vorher lieb und teuer war, keine Bedeutung mehr für einen hat, weil sich die Selbstwahrnehmung grundlegend verändert hat?

Milderung, Überwindung der Spaltung heißt ja, die vermeintlich guten und bösen, die idealisierten und unerwünschten (Persönlichkeits-)Anteile zusammenzuführen, indem man den Prozeß ihrer Entstehung nochmals durchlebt. Nur dadurch werden sie ins fühlende und denkende Selbst rückgebunden und verlieren ihre Macht, die sie vorher auf eine gleichsam instinkthafte Weise ausgeübt haben. Was aber, wenn man das „Böse" nicht aushält? Oder wenn man feststellt, daß einem das „Böse" näher steht, als das „Gute"? Daß man das Ungeheuer mehr schätzt, als den Helden? Weil man es selbst herangezüchtet hat: als „Abwehr- und Angriffsmechanismus", um das eigene psychische Überleben zu sichern! Und was, wenn Ungeheuer und Held verschmelzen, wie bei Friedrich Nietzsche? Oder wenn sich im Zuge einer Psychotherapie über die Eltern Details herauskristallisieren, die es verbieten, den Kontakt aufrechtzuerhalten? Milderung der psychischen Spaltung bedeutet ja an erster Stelle immer Auflösung der zerstörerischen inneren „Verkettungen", die einen an die Eltern fesseln, weil die gesellschaftlich herrschenden moralischen Verhaltensimperative in der Regel von den Eltern an die Kinder weitergegeben werden.

Besteht die Notwendigkeit dazu, eine Nachtmeerfahrt anzutreten? Es mag Jahre dauern, bis man aus dem Labyrinth der eigenen Innenwelt wieder herauskommt, und was für Jahre! Angefüllt mit Schmerz, Angst, Wut, Schuld, Verdruß, Ekel, Haß und Trauer, und unmittelbar konfrontiert mit dem Mörder, Zerstörer, Verräter und Lügner, den innerpsychischen Mächten der Destruktivität. Es gehört Mut dazu, sich diesen Mächten zu stellen und die mit diesen verwobenen Gefühle auszuhalten. Glücklicherweise existieren bei den meisten auch andere innerpsychische Anteile, die das Aushalten und Integrieren der (zumeist abgespaltenen) Negativanteile erleichtern: die archetypischen Figuren des Helden, des Königs, des Liebhabers, des guten Magiers und des Heilers, um nur einige zu nennen.

Zunächst muß man die abgespaltenen Anteile und die verdrängten Gefühle in sich aufspüren, sie im Labyrinth des Unbewußten finden, in dieses immer weiter vordringen, Winkel für Winkel, Verlies für Verlies, immer tiefer ins „Dunkel" absteigen, Ebene für Ebene. Dann den Erscheinungen und den damit verbundenen Empfindungen standhalten, der schwierigste Teil. Das, was sie repräsentieren, durchleben, in ihre Wesensart hineinschlüpfen und mit all ihrem „Guten, Schlechten und Bösen" verschmelzen, um sie Stück für Stück ins fühlende und denkende Selbst rückzubinden. Schließlich die Aufgabe, innen und außen aufeinander abzustimmen, die neuen Erfahrungswerte mit der äußeren Lebenswirklichkeit abzugleichen, um sich den inneren Veränderungen entsprechend im Leben einzurichten. Denn der Prozeß einer inneren Wandlung bringt es nun einmal mit sich, daß vieles von dem, was vorher wahr oder wichtig oder wirklich schien, durch eine sich ständig verändernde Selbstwahrnehmung in Frage gestellt wird und ein andauerndes Verlorengehen und Sich-Wiederfinden, ein Sich-Versuchen und Sich-neu-Ausrichten nach sich zieht.

Wie beschreibt man das Unbeschreibbare? Die Skizze kann nicht mehr sein als eine grobe Vereinfachung dessen, was jeder letztlich nur selbst, auf der Grundlage der eigenen individuellen Ausstattung, erfahren kann.

Bezeichnenderweise spielt die Ratio bei jeder inneren Wandlung anfänglich meist eine untergeordnete Rolle, weil sie dem Prozeß zunächst hinterherhinkt. Erst später eignet sie sich die neu gewonnenen Eindrücke und innerpsychisch vollzogenen Veränderungen an, prüft und schätzt und bewertet sie. Eine interessante Erfahrung, weil sich die Ratio erst einmal gegen diese Nebenrolle auflehnt und versucht, das Unternehmen verächtlich zu machen, um ihre Macht zu erhalten. Vergeblich. Schließlich vollziehen sich die entscheidenden Vorgänge auf einer tieferen, ursprünglicheren Ebene: im Reich der Gefühle und inneren Regungen, der Empfindungen und Instinkte, mit einem Wort: auf der Ebene der nonrationalen und nonverbalen Körpersprache.

Jeder muß einen eigenen Weg finden, um auf diese Ebene zu gelangen und eine Nachtmeerfahrt anzutreten, – und wer weiß? Vielleicht wollen einige dabei der Einsamkeit ausweichen? Aber in der Einsamkeit das Gras wachsen zu hören und den Erkenntnistrieb, wie er Wurzeln ins Dunkel treibt und Blätter hin zum Licht, und dann, unverhofft, Früchte hervorbringt; oder sich in der Einsamkeit dem Schweifen der Instinkte hinzugeben, wenn sie wie Wölfe Witterung aufnehmen und durchs Innere jagen, etwa, um unbekannte Stimmungen zu „erbeuten"; oder dem Ausströmen der Gefühle, wenn sie sich um die Dinge in völliger Hingabe herumlegen und sie ohne Bewertung schmecken, um schon im nächsten Moment weiterzuziehen, weiterzuspüren, – auf diese Selbsterfahrungen zu verzichten hieße, auf das Leben zu verzichten!

Oder ist es bei manchen gerade andersherum, weil sie nicht der Einsamkeit, sondern der Gemeinschaft ausweichen wollen? Aber erst durch das gezielte Sammeln und Jagen von Eindrücken auf der Ebene der unmittelbaren, gedanklich ungefilterten zwischenmenschlichen Verständigung kann man die eigenen Möglichkeiten und Grenzen im Bereich der nonverbalen Körper- und Zeichensprache erfahren, weshalb der Kontakt mit anderen unabdingbar ist, wenn es darum geht, das eigene Potential auf dieser Ebene zu aktivieren und auszuschöpfen.

In einem „geschützten Raum" kann man vieles ausprobieren, etwa die Möglichkeiten und Grenzen ausloten, sich bewußt über Gestik, Mimik und Blick zu verständigen; oder über Stimmungen, indem man sich von ihnen wechselweise anziehen und abstoßen läßt; oder über körperliche Ausstrahlungen, indem man ihnen nachgeht und nachspürt, sie wittert und prüft, annimmt oder ablehnt; oder auch über das Begegnen-Lassen der eigenen Gefühle mit den Gefühlen anderer, um die Sprache der Gefühle verstehen zu lernen.

Was man auf dieser Ebene der Kommunikation erfährt oder erfahren kann, wenn man die Voraussetzungen dafür mitbringt, halte ich für eines der schönsten Geschenke, die das Leben bereithält: eine Ahnung davon zu bekommen, wie Verständigung und Miteinander der älteren Menschheit, die noch keine entwickelte Sprache und kein eigenständiges Ich kannte, vonstatten gegangen sein könnten: über die nonverbale Sprache der Gefühle und Stimmungen und Instinkte. Durch den unmittelbaren Eindruck, den diese im Innern hervorrufen, und wer weiß? Vielleicht wurde von den Mitgliedern der damaligen Kollektive alles mehr oder weniger als Klang empfunden, als ein energetisches Hin- und Herschwingen bedeutungsvoller Klänge, gestimmt durch die Gefühle und Empfindungen und Instinkte? Die Erde der Resonanzkörper, das Leben das Orchester, die Lebewesen die einzelnen Instrumente.

Und um noch das übergeordnete Ziel einer Nachtmeerfahrt durch die „Unterwelt des Bewußtseins" zu benennen: es geht dabei um die Verschmelzung von Samsara und Nirwana, um die Aufhebung ihrer moralisch verursachten Trennung. Denn sie gehören ursprünglich zusammen, bezeichnen ein und dasselbe, das menschliche Leben.

3

Bevor ich mit dem Hauptthema „Milderung oder Überwindung der moralbedingten Spaltung" fortfahre, zunächst noch einige allgemeine Bemerkungen. Erstens: ist beim Lesen des ersten Bands deutlich geworden, daß ich mit dem Essay auch gegen den in der Moderne und Hypermoderne kultivierten Neuerungswahn anschreibe? Bekanntlich gehören das Innovative und „Neue" zur Moderne und zur Postmoderne dazu, wie das Amen zur Kirche. So bemerkenswert die in dieser Zeitspanne verwirklichten und proklamierten Neuerungen auch sein mögen, der schaffende Geist kümmert sich nur wenig um derartige Modeerscheinungen. Er bringt seit jeher schlicht und ergreifend zum Ausdruck, was seines Wesens ist. Wenn dadurch Neues zum Vorschein kommt, gut; wenn nicht, auch gut. Hauptsache, er bleibt sich treu, folgt der Stimme des Selbst und unterwirft sich nicht einer gerade herrschenden Strömung des Zeitgeists.

Umgekehrt gilt natürlich das gleiche: eine ausschließlich rückwärtsgewandte, sich krampfhaft an die Vergangenheit klammernde und die gegenwärtige Lebenswirklichkeit dadurch ausblendende reaktionäre Einstellung ist dem Geist ebenso fremd, wie der Neuerungswahn. Beides ist Krampf, das doktrinäre Festhalten am Alten und das doktrinäre Verlangen nach Neuem, und der schaffende Geist hat für solcherlei Sperenzien nichts übrig. Er nimmt diese zwar zur Kenntnis, vielleicht sogar mit einem leichten Schaudern und Staunen, läßt sie aber sogleich links liegen und zieht weiter, seiner selbstbestimmten Bestimmung entgegen: das ihm zugrundeliegende Wesen möglichst vollkommen zum Ausdruck zu bringen. „Wesen": die psychophysische Essenz eines Individuums, die es auf geheimnisvolle Weise zusammenhält und zu dem macht, was es ist: zu einem einzigartigen Ausdruck des den naturgegebenen Anlagen gemäß nach Entfaltung strebenden Lebens.

Im Normalfall wird also in einem Erzeugnis des Geistes nicht Altes oder Neues überwiegen, sondern beides, in vielfachen Übergängen miteinander verwoben, in einem gleichwertigen Verhältnis nebeneinanderstehen, wie es dem natürlichen Prozeß von Werden und Vergehen auch angemessen ist.

Zweitens: man soll zwischen der bloßen Wiederholung eines Sachverhalts und dem wiederholten gedanklichen Umkreisen eines solchen sorgfältig unterscheiden. Manches will gedanklich regelrecht ausgepreßt, mehrfach durchgespielt, vor- und wieder zurückgedacht werden – und häufig vorgedacht und emotional reflektiert werden; oder auch vorgefühlt und gedanklich reflektiert werden –, bevor sich der ganze Gehalt erschließt, bevor die Essenz einer Sache hervortritt oder sich ein bisher noch unerschlossener Gesichtspunkt klar und deutlich abzeichnet.

Mancher wird diese Vorgehensweise, diesen Willen, einen Gegenstand emotional einzukreisen und ihn gedanklich aus verschiedenen Perspektiven zu beleuchten, um aus diesem das Wesentliche zu extrahieren, vielleicht mit einer gewissen Geringschätzung betrachten oder gar als Obsession oder Perfektionismus abtun; egal, ich weiß es besser und taufe diesen „schaffenden Willen" (Nietzsche) der Philosophen auf den Namen „Essentialismus".

Für mich beinhaltet dieser Begriff zum Beispiel die Freude über die Lust an der Leidenschaft, tief unterhalb der Oberfläche des zuverlässig im Zeichen des Ausverkaufs der

Werte vor sich hin dümpelnden Mainstreams zwischen den Gründen und Abgründen des Unbewußten nach „immateriellen Perlen" zu tauchen, nach verdrängten oder abgespaltenen Anteilen des Selbst, um mich später, nach dem Auftauchen, im Sonnenlicht an ihrer Schönheit zu erfreuen und vor allem: mich mit ihrer Kraft zur psychischen Transformation zu verbinden.

Wodurch wird eine Erfahrung zu einem kostbaren Geschenk, die sich als Wahrheit unauslöschlich in unser Körpergedächtnis einbrennt? Dadurch, daß sie den Prozeß der Selbstwerdung, Selbstverwirklichung, Selbstvervollkommnung vorantreibt, zur Entwicklung eines noch unentwickelten Anteils oder zur Freisetzung eines unterdrückten Anteils des Naturells beiträgt.

Ich kenne kaum etwas Erfüllenderes, tiefer Berührendes, als das innerpsychische Aufgehen verdrängter oder abgespaltener Anteile, sobald sie erst ins fühlende und denkende Selbst rückgebunden sind. Um dies erleben zu können, muß man freilich auch bereit sein, sich dem Schmerz und dem Schrecken zu stellen, die sich im Zuge psychophysischer Transformationsprozesse naturgemäß einstellen. Und nicht nur dem Schrecken, der einen zwischen den Abgründen des persönlichen Unbewußten überfällt, sondern auch dem, der einen beim Erforschen der Abgründe des kollektiven Unbewußten überfällt, etwa beim unvermittelten Aufeinandertreffen mit dem Mutterarchetyp in seiner furchtbaren Gestalt.

Es gehört Mut dazu, sich den verdrängten Gefühlen, Erinnerungen und Körpersensationen zu stellen, sie nochmals zu durchleben und zu durchleiden, und die lange Dauer der moralbedingten Krise resultiert vor allem auch aus der angstgetriebenen Verweigerung vieler der Wertekonditionierten, sich den eigenen psychischen Schattenanteilen zu stellen.

Daß ein psychophysischer Transformationsprozeß etwas Umfassenderes und Tiefgreifenderes bedeutet, als das
im Zeichen der Aufklärung vollzogene Projekt der rationalen Emanzipation, versteht sich wohl von selbst. Anders als
in der rationalistisch geprägten Kulturtradition, in der das
Abstrakte und Rationale alles zählen und die Gefühle und
der Körper nichts, geht es beim Prozeß einer dem wirklichen Leben verpflichteten Selbstwerdung immer um die
Entwicklung der psychophysischen Ganzheit, also um die
Entwicklung des Körpers und der Psyche.

Dieser Ansatz ist freilich nichts Neues, sondern so alt
oder so jung wie die europäische Kultur selbst, und trägt seit
jeher die Überschrift „Werde, der du bist" (Pindar).

II.

**„(...) Du Heuchler, zieh am ersten den Balken aus deinem
Auge; darnach siehe zu, wie du den Splitter aus deines Bruders Auge ziehst! (...)"** (Aus dem Neuen Testament)

Werde, der du bist: dieses geflügelte Wort faßt sehr schön
zusammen, worum es im folgenden geht: zu veranschaulichen, wie die Überwindung des im Patriarchat durch Dressur kultivierten „falschen Selbst" (Alice Miller) gelingen
kann. Zum besseren Verständnis der Thematik gehe ich im
zweiten Teil zunächst auf einige Grundpositionen der heutigen psychologischen Forschung ein – allen voran auf solche,
die den gesellschaftlich etablierten Kindesmißbrauch thematisieren –, um dann im dritten Teil in die Tiefe zu gehen
und aufzuzeigen, welche innerpsychischen Entwicklungen
zur Entstehung des patriarchalen „Ichbewußtseinssystems"
(Erich Neumann) führten. Aus gutem Grund. Um eine Überwindung oder eine Milderung der moralbedingten Spaltung
des Selbst auch nur „ins Auge fassen zu können" (Nietzsche),
ist es unabdingbar, um die Voraussetzungen zu wissen, die

zur Entstehung des patriarchalen Ichbewußtseins führten. Des patriarchalen Ichbewußtseins, denn wir sollten uns im klaren darüber sein, daß wir stets von einem spezifisch patriarchalen Ichbewußtsein sprechen, wenn wir uns über das im Westen etablierte Bewußtsein verständigen.

Die folgenden Ausführungen dienen auch dazu, die bereits im ersten Band gezogenen Schlußfolgerungen zu untermauern, allen voran die folgende: „(...) ergeben sich weitreichende Konsequenzen für das Verständnis der europäischen Kulturgeschichte. Neben allen anderen Entwicklungsfaktoren muß bei dieser nunmehr auch von einer Eigendynamik traumabedingter psychischer Auf- und Abspaltungsprozesse ausgegangen werden. So ist etwa jede Moral immer auch als das Ergebnis eines langwierigen geistig-psychischen Bewältigungsprozesses spezifischer, von Individuen und/oder von Gruppen erlittener Traumata aufzufassen. Dies gilt ebenso für die von den Herrschenden geschmiedeten Werte- und Bewußtseinssysteme, weil diese letztlich immer nur durch die im Namen der Erziehung gesellschaftlich sanktionierte generationenübergreifende Traumatisierung von Kindern aufrechterhalten werden können, wie für jene von den unterworfenen und versklavten Stämmen und Völkern reaktiv entwickelten (vgl. drittes Kapitel, S. 233 ff.)."

Bekanntlich ist das Wirken darauf hin, die dauerhaft erzeugte Spaltung des Selbst zu mildern, in der westlichen Welt schon längst gängige Praxis, nämlich im Rahmen von Einzel- und Gruppenpsychotherapien (zumindest bei engagierten Therapeuten und Praktikern, die als erstes bei sich selbst gründlich aufgeräumt haben, bevor sie sich anderen zumuteten). So unterschiedlich die angewandten psychotherapeutischen Methoden im einzelnen auch sind, sie verfolgen im Grundsatz doch das gleiche Ziel: Verhaltensimperative und Verhaltensmuster, die Leid verursachen und das Streben des Individuums nach Selbstverwirklichung behindern oder sogar unterbinden, aufzuspüren und zu neutralisieren, um das Individuum dadurch zu befähigen, sein unterdrücktes Potential freisetzen, entfalten und nicht zuletzt auch genießen zu können. Ich will hier keine Statistiken über die Wirksamkeit der einzelnen psychotherapeutischen Disziplinen anführen; für meine Zwecke reicht die Feststellung aus, daß sich das psychotherapeutische Setting in der Praxis prinzipiell bewährt hat.

(Wenn ich mich hier tendenziell eher positiv über die psychotherapeutischen Verfahren äußere, dann weil ich stets das große emanzipatorische Potential der psychotherapeutischen und psychotraumatologischen Methodik vor Augen habe; mir ist klar, daß die konkrete Anwendung dieser Verfahren häufig zu wünschen übrig läßt, um es einmal vorsichtig zu formulieren.)

Die Psychoanalytikerin und Aufklärerin Alice Miller schreibt zum Thema Überwindung der Spaltung: „(...) Diese Spaltung des Menschen in den Guten, Frommen, Angepaßten, Braven und den anderen, der das pure Gegenteil des ersten ist, ist vielleicht so alt wie die Menschheit, und man könnte sich damit abfinden zu sagen, daß sie zur ‚menschlichen Natur‘ gehöre. Ich habe aber die Erfahrung gemacht, daß bei Menschen, die in ihrer Analyse die Möglichkeit gefunden haben, ihr wahres Selbst zu suchen und zu leben, die Spaltung von selber verschwand. Sie empfanden beide Seiten, sowohl die angepaßte wie die sogenannte obszöne, als zwei Extreme des falschen Selbst, das sie nicht mehr brauchten. (...)“[1]

Das nenne ich mal eine frohe Botschaft!

An dieser Stelle darf der Hinweis nicht fehlen, daß jegliche psychotherapeutische Intervention immer nur dann von Erfolg gekrönt sein wird, wenn der Therapeut auch die gesellschaftlichen Mißstände, von denen ein Individuum negativ tangiert wird, anerkennt. Das Verschweigen oder Verleugnen gesellschaftlicher Mißstände, durch die viele psychische Störungen bekanntlich erst hervorgerufen werden, wirkt sich notwendig immer kontraproduktiv aus. Deshalb sei an dieser Stelle eines unmißverständlich klargestellt: weil das kapitalistische System die psychische Gesundheit großer Teile der Bevölkerung schädigt, verlangt die psychologische Vernunft die Abschaffung dieses ökonomischen Systems! Und jeder Therapeut, der sich dieser einfachen Logik verschließt, ist entweder ein Opportunist, ein Depp oder ein Scharlatan.

Zudem gibt es immer noch zu viele Therapeuten, die ihren Klienten lieber verschulte Psychokonzepte überstülpen – etwa die Triebtheorie –, statt sich mit ihnen ohne Wenn und Aber an die Aufdeckung der verdrängten Kindheitstraumata zu machen, sie dabei nach Kräften zu unterstützen. Sehr vereinfacht gesagt existieren zwei Arten von Therapeuten: jene, die mit Hilfe solcher Konzepte wie der Triebtheorie das Verdrängte und Abgespaltene zu zementieren versuchen, um den von ihren Eltern erlittenen sowie den von ihnen an den eigenen Kindern vollzogenen Mißbrauch dauerhaft vor sich und anderen zu verheimlichen; und die anderen, kompetenten, die sich konsequent an die Aufdeckung und Aufarbeitung der von ihnen erlittenen Kindheitstraumata gemacht haben und daher in der Lage sind, auch andere bei der Aufarbeitung zu unterstützen.

Ein weiterer häufig verleugneter Aspekt lautet: genau genommen ist nicht der einzelne psychisch „krank“, oder vielmehr durch bewährte Methoden der Abrichtung, der „Erziehung“ genannten Dressur, psychisch beschädigt worden, sondern das Kollektiv; der einzelne – und allen voran das hochsensitive Individuum – badet es nur aus, stellvertretend.

Dieser Punkt leuchtet nur denen nicht ein, die das systematische Unterdrückt- und Ausgebeutetwerden vieler durch wenige schon gar nicht mehr als die widernatürliche Ungeheuerlichkeit wahrnehmen, die sie ist, weil sie sich im „falschen Leben" (Adorno) und im „falschen Selbst" (Miller) gänzlich eingerichtet und sich daher daran gewöhnt haben, den alltäglichen Irrsinn als das Normale anzusehen.

Ein Ausdruck dieser Massenverblendung sind die vielen absurden Vergleiche, die zwischen Menschen und Raubtieren gezogen worden sind – etwa durch die Formulierung homo homini lupus, der Mensch ist des Menschen Wolf –, um die Bestialität des Menschen (kritisch) hervorzukehren. In Wirklichkeit ist der Mensch aber das einzige höhere Säugetier, das die eigene Art systematisch unterdrückt, ausbeutet, foltert und massenweise abschlachtet. Kein anderes Säugetier und Raubtier – und erst recht nicht Wölfe! – zeitigt unter natürlichen Bedingungen ein derart asoziales und artschädigendes Verhalten, wie der Mensch, weshalb der Mensch auch die Ausnahme von der Regel ist, das einzig wahre Untier, das moral- und dressurbedingt psychisch pervertierte Tier. Es gilt: im Vergleich zum Menschen sind alle Tiere Heilige. Wer wollte, wer könnte dieser einfachen Wahrheit widersprechen?

Und der hypermoderne Mensch ist auf psychischer Ebene inzwischen in einer Weise pervertiert, daß derart scheußliche Erscheinungen wie der sexuelle Kindesmißbrauch in der Familie, der Handel mit Kindern, Kinderpornographie oder auch der Konsum von sog. „Snuff-Videos", in denen Kinder vor laufender Kamera gedemütigt, gequält und mitunter sogar getötet werden, als zur heutigen gesellschaftlichen Realität dazugehörig angesehen werden müssen.

Und die Liste der Abscheulichkeiten läßt sich fast beliebig fortsetzen: pharmakologische Experimente an Menschen – an der wehrlosen Kreatur, dem Tier, sowieso –,

die zur irreversiblen Schädigung der Versuchspersonen
führen können; Kriege, in denen bestimmte Ethnien oder
andere Bevölkerungsgruppen gejagt, vertrieben und liqui-
diert werden, wie im „Bosnien-Krieg"; Massaker, in denen
Menschen wie Vieh geschlachtet und Frauen massenweise
vergewaltigt werden, wie im Zweiten Weltkrieg; und – weil
Niedertracht und Sadismus halt keine Grenzen kennen –
die Durchführung von Mind-Control-Programmierungen,
die dazu dienen, Menschen „mental zu versklaven" (Hans
Ulrich Gresch).

II.2

***„Ritual abuse and mind control is happening. (...) Each
case is a mini-Holocaust of torture."*** (Joseph Schwartz, training therapist and supervisor at „The Bowlby Centre", London)

Damit bin ich bei einem zentralen Punkt dieser Arbeit an-
gelangt: dem allgegenwärtigen, im Namen der Erziehung
gesellschaftlich sanktionierten Kindesmißbrauch in der
westlichen Welt.

Wer glaubt, daß die Methoden der Schwarzen Pädagogik
der Vergangenheit angehören, irrt gewaltig. Nie zuvor gab
es wissenschaftlich ausgefeiltere Methoden als heute, Kinder zu dem Zweck zu dressieren, ihren Willen zu brechen
und ihr „wahres Selbst" durch ein „falsches Selbst" (A. Miller) zu ersetzen. Zunächst eine Begriffsklärung. Alice Miller
schreibt: „Unter der Schwarzen Pädagogik verstehe ich eine
Erziehung, die darauf ausgerichtet ist, den Willen des Kindes zu brechen, es mit Hilfe der offenen oder verborgenen
Machtausübung, Manipulation und Erpressung zum gehor-
samen Untertan zu machen."[2]

Das trifft es im Kern genau, auch wenn die Ziele mancher Organisationen darüber hinausgehen, etwa jene des
Militärs, der Geheimdienste oder auch jene verschiedener

destruktiver (Psycho-)Sekten und Kulte. Denn mit der Art von Dressur, die man im angelsächsischen Sprachraum „torture-based mind control nennt", folterbasierte Bewußtseinskontrolle, will man aus Menschen nicht bloß gehorsame Untertanen machen, sondern hörige Sklaven, die derart „programmiert" sind, daß sie den in ihr Unbewußtes eingepflanzten Befehlen auch dann marionettengleich gehorchen, wenn es sie das Leben kostet oder wenn sie dafür ihre Integrität opfern müssen.

Es versteht sich von selbst, daß alle Organisationen und Institutionen, die Mind-Control-Versuche durchgeführt haben und auch weiterhin durchführen, vehement abstreiten, derlei getan zu haben und zu tun; tatsächlich geschieht es aber, stets unter Ausschluß der Öffentlichkeit und häufig im Namen der „nationalen Sicherheit"! Und weshalb geschieht es? Es gibt viele Motive, die solche Gruppen antreiben; ich will hier nur auf eines eingehen. Während des Kalten Krieges war das Militär überaus interessiert daran, auf ein Kontingent willenloser Befehlsempfänger zurückgreifen zu können, das man bei Bedarf auch in ein nuklear kontaminiertes Gebiet entsenden kann. Überhaupt das Militär: seitdem man im Ersten Weltkrieg die Erfahrung gemacht hatte, daß viele Soldaten den Belastungen der modernen Kriegsführung an der Front nervlich nicht standhalten, weil sie binnen kurzem traumatisiert werden, ging man dazu über, militärische Spezialeinheiten zu entwickeln – die SS war eine solche Spezialeinheit –, die auch noch unter den unmenschlichsten Bedingungen zuverlässig funktionieren (sollen) (ausführliche Informationen zum Thema Mind-Control im Buch „Hypnose, Bewußtseinskontrolle, Manipulation" von Hans Ulrich Gresch, Teil 5: „Bewußtseinskontrolle im Kalten Krieg").

Da es wenig erfolgversprechend ist, zu versuchen, einen in seiner Persönlichkeitsentwicklung bereits fortgeschrittenen einzelnen in einen hörigen Sklaven zu verwandeln, beginnt man mit der Durchführung der folterbasierten Mind-Control so früh wie möglich, setzt dieser brutalsten aller Dressurformen in der Regel bereits Kinder im Kleinkindalter aus. Was das für die Betroffenen bedeutet, kann man sich unschwer vorstellen: die Hölle auf Erden, das Über-sie-Hereinbrechen einer ununterbrochenen Abfolge schwerster psychophysischer Traumatisierungen.

Die „Bewußtseinskontrolleure" (Gresch) – Ärzte, Psychiater und andere Psychospezialisten – brechen in den Geist der Opfer ein und zersplittern bzw. spalten das erst rudimentär entwickelte Selbst des Kindes in verschiedene Persönlichkeitsfragmente – ego-states oder self-states genannt –, um diese ihren Wünschen entsprechend zu dressieren. Anschließend werden die dressierten Persönlichkeitsfragmente durch amnestische Barrieren vor der Entdeckung durch das Wach- oder Ichbewußtsein des Kindes und späteren Erwachsenen geschützt. Dadurch wird sichergestellt, daß die bewußte Alltags- oder „Frontpersönlichkeit" (Gresch) des Opfers von der an ihr vorgenommenen Mind-Control-Programmierung nichts ahnt und dem Anschein nach ein ganz „normales Leben" führt.

In Wirklichkeit wird das Verhalten der Opfer aber von den dressierten und im Unbewußten verborgenen Persönlichkeitsfragmenten bestimmt, den schwer traumatisierten, gänzlich von Angst beherrschten Anteilen, die den Opfern in der Regel nur ein Leben auf Sparflamme erlauben, weil sie diese etwa dazu nötigen, bestimmte Gefühle fortwährend zu unterdrücken. Nach einer erfolgreich abgeschlossenen Mind-Control-Programmierung besitzen diese Anteile außerdem die Macht, das Kommando über die dressierte Person an sich zu reißen und diese dazu zu zwingen, die von den Bewußtseinskontrolleuren im Zuge der Dressur eingepflanzten Befehle auszuführen, ohne daß sich die Ichpersönlichkeit daran später erinnern kann.

Weil die Bewußtseinskontrolleure während der Dressur eine Vielzahl ausgeklügelter Foltermethoden anwenden (vgl. die Definition der Mind-Control weiter unten), ist es keine Übertreibung, Mind-Control-Programmierungen in ihrer Grausamkeit mit den Menschenversuchen der Nazis zu vergleichen. Mit großer Wahrscheinlichkeit haben die Nazis sogar selbst Mind-Control-Experimente an Kindern und Erwachsenen durchgeführt. Wenn dem so ist, dann darf es als sicher gelten, daß das amerikanische Militär die von den Nazis über diese Experimente gemachten Aufzeichnungen an sich gebracht und ausgewertet hat. Darauf aufbauend, hat die CIA seit den 50ern dann selbst umfangreiche Mind-Control-Experimente durchgeführt – etwa im Rahmen des „Gehirnwäscheprojekts" MKULTRA –, setzt diese höchstwahrscheinlich bis heute fort.

Viele der Mind-Control-Spezialisten – Psychowissenschaftler, Ärzte, Führungsoffiziere –, die hochrangige Positionen bekleiden, halten sich nicht nur für eine auserwählte Elite, sondern stufen die Mind-Control-Programmierung auch als das beste, weil effektivste Traingsprogramm der Welt ein, um aus dem schwachen und unbeständigen „Tier Mensch" eine knallharte, sich jeder Situation blitzschnell anpassen könnende „Kampf- und Tötungsmaschine" oder, je nach Eignung und Bedarf, einen vollends empathielosen „Herrenmenschen" - etwa einen skrupellosen Führungsoffizier - zu machen (wer die Dressur nicht durchsteht, der taugt in den Augen dieser Leute nichts). Einige sind sogar stolz darauf, ihren Kindern die „Teilnahme" an einem solchen Programm ermöglichen zu können (ja, so krank kann man sein!).

Derartige mit staatlichen Geldern finanzierte Gruppen existieren selbstverständlich nicht nur in den USA, sondern fast überall in der westlichen Welt. Sie spielen Gott und lieben es, im Geheimen zu operieren, obskure Geheimgesellschaften und destruktive Kulte zu gründen – dies geschieht auch, um die Öffentlichkeit über ihre wahre Identität zu täuschen –, sich in dunkle Roben zu hüllen, blutige Rituale durchzuführen. Ernst Jünger hat den Typus Mensch, der solchen Gruppen angehört, treffend charakterisiert: „(...) Ihm war die kalte, wurzellose Intelligenz eigen und auch die Neigung zur Utopie. Er faßte wie alle seinesgleichen das Leben als ein Uhrwerk auf, und er erblickte in Gewalt und Schrecken die Antriebsräder der Lebensuhr. Zugleich erging er sich in Begriffen einer zweiten und künstlichen Natur, er berauschte sich am Dufte nachgemachter Blumen und den Genüssen einer vorgespielten Sinnlichkeit. Die Schöpfung war in seiner Brust getötet und wie ein Spielwerk wiederaufgebaut. Eisblumen blühten auf seiner Stirn. Wenn man ihn sah, mußte man an den tiefen Ausspruch seines Meisters denken: ‚Die Wüste wächst: weh dem, der Wüsten birgt!‘(...)“[3]

Eisblumen blühen auf ihrer Stirn! Und man darf hinzufügen: das eigentliche Ziel dieser Unmenschen ist die totale Verwüstung der menschlichen Natur, um auf den Trümmern ein von ihnen kreiertes vollends destruktives inneres Kontrollsystem zu errichten, durch das die Ichpersönlichkeit in Ketten gelegt werden soll.

Eines der Opfer der Mind-Control vertritt die Ansicht, daß die meisten Techniken noch nicht ausgereift seien, sich noch im Versuchs- und Entwicklungsstadium befänden, – und bezeichnet sich und die anderen Opfer daher als menschliche Versuchskaninchen. Wie weit die Mind-Control-Methodik inzwischen gediehen ist, wie erfolgreich die Bewußtseinskontrolleure heute darin sind, aus einem Menschen einen hörigen Sklaven zu machen, wer vermag das schon einzuschätzen? Eines sei jedoch zur Beruhigung gesagt: den Persönlichkeitskern der Opfer können sie nicht

zerstören! Gresch schreibt: „(...) Das Opfer einer Bewußtseinskontrolle durch Persönlichkeitsspaltung ist also kein
Roboter im technischen, sondern nur im fiktiven Sinn. Es
unterwirft sich der Fiktion, ein Sklave ohne eigenen Willen
zu sein, weil dies subjektiv die einzige Möglichkeit ist, le-
benslänglicher Folter zu entgehen."[4]

Das Thema „torture-based mind control" würde den
Rahmen dieser Arbeit bei weitem sprengen; daher sei abschließend die folgende umfassende Definition der US-amerikanischen Psychologin Ellen P. Lacter[5] wiedergegeben,
einer Expertin auf dem Gebiet komplexer Traumatherapie
(ich bitte um Verständnis dafür, daß ich den Text im Ori-
ginal wiedergebe). „I define torture-based mind control as
the systematic application of 1) acute torture, including pain,
terror, drugs, electroshock, sensory deprivation, oxygen deprivation, cold, heat, spinning, brain stimulation, and near-
death, and 2), conditioning, including coercive hypnosis,
directives, illusions (staged tricks, film, stories), spiritual
threats, manipulation of attachment needs, and classical,
operant, and fear conditioning, to coerce victims to form
altered mental states, including a) hyper-attentive blank
slate (tabula rasa) mental states that arise spontaneously in
response to perceived threat to physical survival, and are
completely attuned to external stimuli, ready to do what-
ever is needed to survive; b) self-states that spontaneously
form in response to threat to psychic survival, that is, levels
of mental anguish that exceed the tolerance of all previously
existing ego-states, and that are mentally registered apart
(dissociated) from previously existing ego-states; c) ego-
states that develop more gradually through conditioning,
all three of which are subjected to programmer strategies to
define, control, and install within them perceptions, beliefs,
fear, pain, directives, information, triggers, and behaviours,
to force victims to do, feel, think, and perceive things for the

purposes of the programmer, including execution of acts that violate the victims volition, principles, and instinct for self-preservation, and to cause ego-states that usually have executive control of mental functions (the host, front, or apparently normal personality) to have no conscious memory for the torture, conditioning, programming, controlled ego-states, or executed programmed behaviours. (...)"[6]

3

Vielleicht wundert sich jemand darüber, weshalb ich ein scheinbar abseitiges Gebiet wie die Mind-Control in diesem Buch überhaupt thematisiere? Aus verschiedenen Gründen. Um darauf hinzuweisen, daß Institutionen wie die Geheimdienste geltendes Recht im Namen der nationalen Sicherheit systematisch brechen, auch im Inland. Um einen Eindruck davon zu vermitteln, wie weit die Methoden inzwischen gediehen sind, die menschliche Natur wissenschaftlich-technisch zu manipulieren und zu verwüsten und durch eine künstliche „zweite Natur" zu ersetzen.

Um zu zeigen, daß manche der Menschenversuche, wie sie von den Nazis in den KZs durchgeführt wurden, nicht etwa der Vergangenheit angehören, sondern unter veränderten Vorzeichen in den westlichen Zivilisationen fortgeführt werden, auch an Kindern! Um zu veranschaulichen, welch einen ungeheuren Aufwand staatliche Institutionen wie das Militär betreiben, auch in finanzieller Hinsicht, um Menschen in empathielose Killermaschinen – sog. Manchurian Candidates – zu verwandeln. Um bekanntzugeben, daß auch ich als Kind einer Mind-Control-Programmierung unterzogen wurde, und zwar von 71 bis 75 in den USA.

Vor allem aber, um darauf aufmerksam zu machen, daß es sich bei den gewaltsam exekutierten Mind-Control-Experimenten nicht etwa um die Machenschaften einiger durchgeknallter Dunkelmänner handelt, also um eine vernachlässigbare Ausnahmeerscheinung in unserer Gesellschaft, wie man vielleicht glauben oder hoffen mag; sondern um die ekle Spitze des gesellschaftlich organisierten Kindesmißbrauchs in der Hypermoderne, um einen der vielen Auswüchse jenes seit Jahrtausenden im Namen der Erziehung gesellschaftlich sanktionierten und exekutierten Kindesmißbrauchs in der westlichen Welt.

Wie grausam die Mind-Control-Techniken auch sind, wie unvorstellbar sadistisch und geradezu abartig das alles auch ist, diese Art des Kindesmißbrauchs ist, im großen ganzen gesehen, doch nicht mehr als die konsequente Fortsetzung, Systematisierung, Perfektionierung, all jener in unserem Kulturkreis von Anfang an tief verwurzelten Erziehungs- oder vielmehr Dressurmethoden, die dazu anleiten „(...) so früh wie möglich dem Kind seinen Willen zu nehmen, seinen Eigensinn zu bekämpfen, und es immer im Gefühl der eigenen Schuldigkeit und Schlechtigkeit zu belassen (...)“[7]; denn, wie es in einer „Erziehungsschrift“ von 1748 ganz unverblümt heißt: „(...) Die Kinder vergessen mit den Jahren alles, was ihnen in der ersten Kindheit begegnet ist. Kann man da den Kindern den Willen nehmen, so erinnern sie sich hiernach niemals mehr, daß sie einen Willen gehabt haben.“[8]

Bei diesen Worten treten den Bewußtseinskontrolleuren vor Freude die Tränen in die Augen.

Auch wenn man es nicht wahrhaben, nicht ertragen will, es hilft nichts: der gesellschaftlich exekutierte Kindesmißbrauch – also die Opferung des Kindes für die Bedürfnisse, Zwecke und Interessen der Eltern und der Gesellschaft (für gewöhnlich stimmen die Wertvorstellungen und Interessen der Eltern mit den Wertvorstellungen und Interessen einer spezifischen Gesellschaftsschicht überein) – war und bleibt die psychophysische Grundvoraussetzung für das reibungslose Funktionieren der in der westlichen Hemisphäre zur Herrschaft gebrachten Moralen. Ob man die Wertesysteme der hellenisch-römischen Herrenmoral, der christlichen Doppelmoral oder der Hybridformen der Moral heranzieht, psychologisch gesehen setzte bzw. setzt ihr Funktionieren immer den organisierten Kindesmißbrauch voraus, weil nur dadurch gewährleistet wird, daß das „wahre Selbst" – das Ganzheitsempfinden des Kindes, „die Ganzheit seiner Gefühle" (Alice Miller) – zuverlässig in mindestens zwei feindlich entgegengesetzte psychische Dimensionen aufgespalten wird, ins Über-Ich und ins Es oder, in krasseren Fällen, in mehrere ego-states. Nur so konnte es gelingen und gelingt es, derart widernatürliche Wertvorstellungen wie „das Weibliche ist schlecht" – hellenisch-römische Herrenmoral – oder gar „die wirkliche Welt ist böse" – christliche Doppelmoral – dauerhaft in der Psyche des einzelnen zu verankern und in diesem die Überzeugung hervorzurufen, daß die gewaltsam eingepflanzten Wertvorstellungen zur eigenen Natur gehören.

Es gilt: der gesellschaftlich organisierte Kindesmißbrauch ist das Gleitmittel für das Funktionieren des Patriarchats und des kapitalistischen Systems. Denn die psychophysische Wirksamkeit der in unserem Kulturkreis zur Herrschaft gelangten moralischen Imperative / Werte / „sozialen und asozialen Normen" beruht schon immer auf der im Namen der Erziehung vom Kollektiv auf psychischer Ebene vollzogenen Traumatisierung und dauerhaften Dissoziierung von Kindern.

In den Worten Alice Millers: „(...) Es ist seit Jahrtausenden üblich und erlaubt, daß Kinder zur Befriedigung verschiedener Bedürfnisse gebraucht werden. Sie sind billige Arbeitskräfte, sie eignen sich zur Entladung aufgestauter Affekte, als Container für ungewollte eigene Gefühle, als Projektionsscheiben der eigenen Konflikte und Ängste, als Prothesen für das angeschlagene Selbstwertgefühl, als Quelle der

eigenen Macht und Lust. Unter all diesen Formen des Mißbrauchs des Kindes kommt dem sexuellen Mißbrauch eine
ganz besondere Bedeutung zu.(...)"[9]

II.3

Da ich den Themenkomplex „gesellschaftlich sanktionierter
Kindesmißbrauch" hier unmöglich umfassend abhandeln
kann, sei allen Interessierten das Werk der Psychoanalytikerin Alice Miller empfohlen, welche die Pionierarbeit
Freuds weitergeführt und sie, dem Stand der Forschung entsprechend, berichtigt und ergänzt hat.

Der Kindesmißbrauch wird von den Eltern und Erziehern
für gewöhnlich sowohl bewußt als auch unbewußt verübt.
Das Grundprinzip besteht darin, grundlegende natürliche
Bedürfnisse des Kindes entweder unzureichend oder gar
nicht zu befriedigen oder sie für die Befriedigung eigener
Bedürfnisse oder perverser Gelüste zu mißbrauchen – etwa
das kindliche Bedürfnis nach Körperkontakt und Wärme
durch den sexuellen Mißbrauch – oder den Gehorsam des
Kindes durch Gewaltanwendung zu erzwingen, sei es durch
Schläge, Stubenarrest oder verbale Demütigungen.

Welche psychophysischen Schädigungen des Kindes die
unterschiedlichen Formen des Mißbrauchs im einzelnen
nach sich ziehen, ist für mein Thema nicht relevant; hier genügt der Hinweis, daß sich im Kind infolge des Mißbrauchs
das Grundgefühl festsetzt, daß es so, wie es ist – d.h. mit
all seinen natürlichen Bedürfnissen nach Liebe, Wärme,
Geborgenheit, Schutz, Anerkennung, – falsch ist, schlecht
ist, böse ist. Entsprechend wird das Kind, das sich nach der
Liebe, Fürsorge und Aufmerksamkeit der Eltern wie eine
Pflanze nach dem Sonnenlicht streckt, sie bedingungslos
liebt und ihnen auf Gedeih und Verderb ausgeliefert ist, das
Verhalten radikal ändern und sich von nun an jede erdenk-
liche Mühe geben, den Anforderungen und Bedürfnissen

der Eltern gerecht zu werden, – bis sich das Kind mit diesem falschen Verhalten irgendwann vollends identifiziert und überzeugt ist, daß es dem wahren Selbst entspringt.

Anders gesagt: durch die (gezielt vorgenommene) Frustrierung vieler der Grundbedürfnisse des Kindes wird dieses dazu gebracht oder vielmehr dazu gezwungen, das Selbst aus Liebe zu den Eltern dauerhaft zu spalten und einen Über-Ich-Persönlichkeitsteil am Vorbild der introjizierten Elternimagines auszubilden, während die unerwünschten Anteile vom Kind verdrängt oder abgespalten, jedenfalls dauerhaft unterdrückt und ins Unbewußte abgeschoben werden, so daß parallel zum Über-Ich ein unerwünschter Persönlichkeitsteil entsteht, das Es. Bei gravierenden Übergriffen seitens der Eltern oder anderer Erziehungsberechtigter wird das Kind nicht „bloß" unerwünschte Anteile des Selbst verdrängen, sondern auch ganze Persönlichkeitsteile, ego-states, dauerhaft abspalten, um das Ich vor negativer Beeinträchtigung zu schützen (vgl. den Abschnitt über torture-based mind control).

Auch heute noch wird die Tatsache häufig geleugnet, daß ein im Namen der Erziehung gesellschaftlich sanktionierter und organisierter Kindesmißbrauch existiert. Das Verleugnen des gesellschaftlich sanktionierten und kollektiv exekutierten Kindesmißbrauchs ist angesichts der überaus großen Bedeutung der Kindeserziehung für die Beschaffenheit der Gesellschaft freilich nicht nur zynisch und dumm, sondern auch sadistisch akzentuiert. Daß man die Bedeutung der Kindeserziehung für die Gesellschaft gar nicht hoch genug ansetzen kann, sei durch die folgende Bemerkung des Ethnologen Uwe Wesel bekräftigt: „Je länger ein Kind abhängig ist, desto länger ist es beeinflußbar. Desto mehr kann es lernen. Die Neotenie, die längere Abhängigkeit von der Mutter, ist der Grund für die Zunahme menschlicher Intelligenz und kulturellen Verhaltens. Ursprung und Bedingung von Kultur und Zivilisation.(...)"[10]

Daß der einzelne durch die Qualität der Eltern-Kind-Beziehung hochgradig beeinflußt und geformt wird, läßt sich eindrucksvoll an den Folgen des Kindesmißbrauchs ablesen. „(...) 4. Der Mißbrauch hat lebenslängliche Folgen. (...) 6. Die Tatsache der Opferung des Kindes wird nach wie vor geleugnet. 7. Die Folgen dieser Opferung werden daher übersehen. 8. Das von der Gesellschaft allein gelassene Kind hat keine andere Wahl, als das Trauma zu verdrängen und den Täter zu idealisieren. 9. Verdrängung führt zu Neurosen, Psychosen, psychosomatischen Störungen und zum Verbrechen. (...)"[11] Denn: „(...) Die Folgen eines Traumas sind (...) mit der Verdrängung nicht beseitigt, sondern geradezu besiegelt. Die Unmöglichkeit, das Trauma zu erinnern, es zu artikulieren (d. h. einer begleitenden Person, die einem glaubt, die ehemaligen Gefühle mitteilen zu können), schafft die Notwendigkeit der Artikulierung im Wiederholungszwang. (...)"[12]

Durch die Verdrängung von Traumata und dem daraus entstehenden Drang, diese – häufig auf grotesk anmutende Weise – in schier endloser Wiederholung zu reinszenieren, kommt es seit jeher zu individuellen und kollektiven Verhaltensstörungen, die sich als Gesellschaftsphänomene längst dauerhaft etabliert haben, wie Pädokriminalität, Alkoholismus, Sexismus, Rassismus und Bürokratismus, um nur einige zu nennen.

Vor allem anderen führt der Wiederholungszwang – der gewaltige Drang zur Reinszenierung verdrängter Traumata – notwendig zu einer generationenübergreifenden Dynamik des Kindesmißbrauchs innerhalb der Familie, so daß die innerhalb einer Familie tradierten Formen des Mißbrauchs, die freilich immer auch gesellschaftlich etabliert sind, in „schöner" Zuverlässigkeit von den Eltern an die Kinder „weitergegeben" werden, als unsichtbare psychophysische Erblast gleichsam.

Der starke Drang zur Reinszenierung unaufgelöster Traumata ist der aus psychologischer Sicht entscheidende „Mechanismus", den man sich vor Augen halten muß, um zu verstehen, wie die Dynamik menschlicher Grausamkeit und Destruktivität zustande kommt.

Es wäre interessant, einmal zu untersuchen, ob sich bei bestimmten Berufsgruppen, vom angeborenen Charakter der einzelnen Personen einmal abgesehen, ähnliche Mißbrauchserfahrungen in der Kindheit feststellen lassen. Inwiefern prädestiniert zum Beispiel die Erfahrung, als Kind emotional vernachlässigt worden zu sein, jemanden dazu, eine Beamtenlaufbahn einzuschlagen? Wie groß ist die Bedeutung des sexuellen Kindesmißbrauchs für das Funktionieren der katholischen Kirche? Ich meine für die Bereitschaft und Fähigkeit des Kirchenpersonals, sich ein Leben lang mit widernatürlichen Verhaltensregeln zu identifizieren und diese allen anderen aufzwingen zu wollen? Und welche Mißbrauchserfahrungen motivieren wohl Menschen dazu, ihr wahres Selbst der Mitgliedschaft in einer Partei zu opfern? –

Eines steht jedenfalls fest: um den Machtmißbrauch in der Gesellschaft zu überwinden, muß der im Namen der Erziehung auch heute noch gesellschaftlich sanktionierte, sowohl bewußt als auch unbewußt verübte Kindesmißbrauch der Eltern und Erzieher ans Licht gebracht und scharf verurteilt werden, um ihn möglichst ganz zu beenden. Dies in der Hoffnung, die folgende Vorhersage Alice Millers, die den Zusammenhang der „verheerenden Folgen der Traumatisierung des Kindes"[13] mit dem allseits grassierenden Machtmißbrauch in der Gesellschaft anschaulich auf den Punkt gebracht hat, möge sich bewahrheiten.

„(...) Menschen, deren Integrität in der Kindheit nicht verletzt wurde, die bei ihren Eltern Schutz, Respekt, und Ehrlichkeit erfahren durften, werden in ihrer Jugend und auch später intelligent, sensibel, einfühlsam und hoch empfindungsfähig sein. Sie werden Freude am Leben haben und kein Bedürfnis verspüren, jemanden oder sich selber zu schädigen oder gar umzubringen. Sie werden ihre Macht gebrauchen, um sich zu verteidigen, aber nicht, um andere anzugreifen. Sie werden gar nicht anders können, als Schwächere, also auch ihre Kinder, zu achten und zu beschützen, weil sie dies einst selber erfahren haben und weil dieses Wissen (und nicht die Grausamkeit) in ihnen von Anfang an gespeichert wurde. Diese Menschen werden nie imstande sein zu verstehen, weshalb ihre Ahnen einst eine gigantische Kriegsindustrie haben aufbauen müssen, um sich in dieser Welt wohl und sicher zu fühlen. Da die Abwehr von frühesten Bedrohungen nicht ihre unbewußte Lebensaufgabe sein wird, werden sie mit realen Bedrohungen rationaler und kreativer umgehen können."[14]

Damit es kein frommer Wunsch bleibt, muß freilich auch das herrschende patriarchal-kapitalistische System durch ein richtiges demokratisches System ersetzt werden (vgl. die politische Konzeption am Ende dieses Essays).

2

Es ist höchste Zeit, die Methoden der Psychoanalyse, der Analytischen Tiefenpsychologie, der Körperpsychotherapie und der Psychotraumatologie, die sich in der Praxis bewährt haben, in Beziehung zu setzen, sie womöglich zu einem System zusammenzufassen. Die Theorien der Psychoanalyse und der Analytischen Tiefenpsychologie etwa lassen sich trotz aller Widersprüche sinnvoll verbinden, wenn man Erich Neumanns „kollektives Unbewußte-Ichbewußtsein"-Schema zur Erklärung der vorpatriarchalen kollektivpsychischen Entwicklungsgeschichte sowie zur Erklärung der Entstehung des patriarchalen Ichbewußtseins heranzieht, während Freuds „Es-Ich-Über-Ich"-Schema die typische Formation des „psychischen Apparats" im Patriarchat veranschaulicht.

Ich wies schon darauf hin: wenn wir vom Ichbewußtsein oder vom Über-Ich sprechen, dann offensichtlich immer und ausschließlich von einem spezifisch patriarchalen, weil unter den Bedingungen des patriarchalen Herrschaftssystems und der patriarchalen Kleinfamilie entstandenen, etablierten, kultivierten. Ein anderes Ich und Über-Ich existieren in unserem Kulturkreis schlicht und ergreifend nicht, oder erst in Ansätzen. Die rationale Betonung und Überbetonung des Ichbewußtseins etwa ist ein Ergebnis der sich nunmehr bereits seit Jahrtausenden vollziehenden Unterdrückung eines Großteils der als typisch weiblich eingestuften Instinkte und Emotionen in den patriarchal-westlichen Gesellschaften. Manche Gefühle werden schon so lange unterdrückt und abgespalten, daß wir gerade erst damit anfangen, ihre Sprache zu sprechen und zu verstehen (vgl. „Wir sind Krise", Band I, viertes Kapitel, „Moral und Emotion").

Beides, sowohl die traditionell betriebene Abwertung bestimmter Gefühle als auch die im Neoliberalismus betriebene Verteufelung des rationalen Denkens (der Aufklärung), ist ein Ergebnis der moralbedingten Spaltung des Selbst. Man möge doch bitte endlich zur Kenntnis nehmen, daß das Projekt der Aufklärung nicht gescheitert, sondern auf halbem Weg stehengeblieben ist, weil zum selbständigen Gebrauch des Verstandes (Kant) auch ein eigenständiges und selbstbewußtes Fühlen kommen muß, damit ein Individuum Autonomie erlangen, sich von unterdrückenden und (selbst-)zerstörerischen Verhaltensmustern emanzipieren kann. Und daß Denken und Fühlen ohnehin nicht zu trennen sind, weil sich Gefühle und Gedanken fortwährend beeinflussen, – das ist doch inzwischen auch schon wieder eine Binsenweisheit, nicht?

Die Forschung geht heute davon aus, daß es vor allem die Gefühle und inneren Empfindungen sind, die „(...) den Kern des Selbst bilden (...), um das herum das ‚Identitätsgefühl‘ errichtet wird“[15]. Natürlich kommt auch den Trieben und Instinkten eine große Bedeutung bei der Herausbildung menschlicher Identität zu: schließlich beeinflussen sich Instinkte, Triebe und Gefühle nicht nur wechselseitig, sondern bedingen sich auch. Aber einem vier- bis fünfjährigen Kind einen Sexualtrieb samt dem libidinösen Wunsch unterzujubeln, mit dem andersgeschlechtlichen Elternteil kopulieren zu wollen, ist aus wissenschaftlicher Sicht ein halt schon vollends unhaltbares Konstrukt. Es ist vielmehr so, daß, worauf Alice Miller unermüdlich hingewiesen hat, „die psychoanalytische Lehre der ‚infantilen Sexualität‘ die Blindheit der Gesellschaft unterstützt und den sexuellen Mißbrauch des Kindes legitimiert“[16] (hat). Denn: „(...) Bisher schützte die Gesellschaft die Erwachsenen und beschuldigte die Opfer. Sie wurde in ihrer Blindheit von Theorien unterstützt, die, noch ganz dem Erziehungsmuster unserer Urgroßväter entsprechend, im Kind ein verschlagenes, von bösen Trieben beherrschtes Wesen sahen, das lügenhafte Geschichten erfindet und die unschuldigen Eltern angreift oder sie sexuell begehrt. In Wahrheit neigt jedes Kind dazu, sich selber für die Grausamkeit der Eltern zu beschuldigen und den Eltern, die es immer liebt, die Verantwortung abzunehmen.“[17]

Im Unterschied zu Freuds (Sexual-)Triebtheorie leuchtet der soziobiologische Nutzen einer engen instinktiv-emotional geprägten Bindung zwischen Säugling/Kleinkind und Elternpaar unmittelbar ein. Zum einen dient es dem Überleben des Kindes, weil die Eltern wegen dieser starken Bindung alles Menschenmögliche tun werden, um es vor Gefahren zu schützen (biologisch gesehen zählt das Überleben des Kindes mehr als das der Eltern, weil das Kind in der Regel die besser angepaßte Lebensform verkörpert). Zum anderen motiviert eine solch intensive Bindung das Elternpaar dazu, die Grundbedürfnisse des Säuglings/Kleinkinds jederzeit bestmöglich zu erfüllen. Zudem dient das zwischen Kind und Eltern wechselseitig gewirkte Liebesband der möglichst umfassenden Versorgung des Kindes auch mit all jenen nicht vererbbaren Instinkt-Gefühls-Komplexen und anderen Informationen, die es in die Lage versetzen sollen, in sich ein stabiles instinktiv-emotionales Identitätsfundament auszubilden.

Die „Besetzung" der Eltern als Objekte des kindlichen Begehrens ist mithin nicht triebhaft-sexuell akzentuiert, sondern instinktiv-emotional. Eine derartige Besetzung wird nicht nur vom Kind vorgenommen, sondern auch von den Eltern, die das Kind in ähnlicher Weise in Beschlag nehmen, wie sie vom Kind besetzt werden. So entsteht ein zwischen ihnen gewirktes starkes (Liebes-)Band, das den Austausch komplexer instinktiv-emotionaler Informationen – archetypischer Strukturen etwa – wie durch einen energetischen Kanal ermöglicht.

Daß das zwischen Eltern und Kind wechselseitig gewirkte Liebesband unter den Herrschaftsverhältnissen des Patriarchats und Kapitalismus notwendig eine pervertierte Form annimmt und halt schon gar nichts mehr mit Liebe zu tun zu haben scheint, liegt in der Natur der Sache und widerspricht meinen Ausführungen nicht. Wo der Machtmißbrauch kultiviert wird – die Unterdrückung und Ausbeutung eines Großteils der Bevölkerung –, wird zwangsläufig auch der Kindesmißbrauch kultiviert: also die gewaltsame Zurichtung der Kinder auf eine Weise, die ihr späteres Überleben unter den gesellschaftlich herrschenden unmenschlichen Bedingungen sichern soll. Das dem als Erziehung getarnten Dressurprozeß zugrundeliegende Kalkül lautet: je nachhaltiger der einzelne den eigenen Grundbedürfnissen bereits in der Kindheit entfremdet wird, desto leichter ist es, ihn später zu manipulieren und zu kontrollieren.

Der Freudomarxismus begreift das Über-Ich vorrangig als ein wichtiges Herrschaftsmittel: „Entscheidend ist aber für unser Thema, daß mit dem Über-Ich oder Gewissen die Gesellschaft in das Subjekt gewaltsam einbricht. „(...) Das Über-Ich enthält zwar nur die elterlichen Normen (also individuelle Dinge) (...); es leuchtet aber ein, daß die Normen normalerweise mit den gesellschaftlichen identisch sind. (...) So ist also das Über-Ich durch die Art seiner Inhalte ein fester Pflock der herrschenden Klasse im Hirn ihrer Unterworfenen, eine Außenstelle der Klassengesellschaft im Individuum."[18]

Es existiert aber noch ein anderes Über-Ich, das, um es in den Worten des oben zitierten Autors Fritz Erik Hoevels zu sagen, durch die Art seiner Inhalte ein fester Pflock der herrschenden Klasse im Hirn der eigenen Nachkommenschaft ist. Denn eines ist doch sonnenklar: würde die herrschende Klasse den eigenen Nachwuchs nicht traditionell einer intensiven Gehirnwäsche und einem schonungslosen Drill unterziehen, existierte sie als herrschende Klasse schon lange nicht mehr. Anders als Hoevels stufe ich das Über-Ich auch nicht als etwas rein Negatives ein, weil die Gebote des Über-Ichs das Kind auch vor Gefahren schützen, in die es sonst vielleicht offenen Auges hineinlaufen würde.

Überhaupt das Über-Ich: wer wüßte heute schon zu sagen, ob das patriarchale Ichbewußtsein ohne Über-Ich auskommen kann? Also ob das rational betonte Ichbewußtsein, wie es im europäischen Kulturkreis seit jeher von den Eliten kultiviert wird – auch die Vordenker des Marxismus-Leninismus gehören zur intellektuellen Elite –, ohne Über-Ich überhaupt überlebensfähig ist? Oder auch nur funktionsfähig? Wir wissen es nicht, können es nicht wissen, weil die entsprechenden Erfahrungswerte noch gar nicht vorhanden sind (wer bereits gänzlich ohne Über-Ich ist, trete hervor!). Die Annahme des Freudomarxismus, daß das Individuum nach der Überwindung des Über-Ich mit dem rationalen Denken so richtig frei und ungehemmt wird loslegen können, ist doch nicht mehr als eine bloße Vermutung, was sag' ich, eine allzumenschliche Hoffnung, weil sich diese Annahme auf keinerlei empirisch gewonnene Data stützt.

Wer sich einmal der schmerzhaften Prozedur einer psychischen Transformation unterzogen hat, weiß, daß das Über-Ich individuell nur bedingt überwunden werden kann, und daß sich das Ich im Zuge der Integration des Abgespaltenen und Verdrängten auch wandelt. Die rationale Überbetonung des Ichbewußtseins wird im Verlauf dieser Prozedur abgeschwächt und Raum für eine stärkere emotionale Betonung des Ich geschaffen, wodurch dieses ans Selbst und an den Körper „rückgebunden" wird. Meiner Erfahrung nach – Erfahrung auch im Hinblick auf das Erleben anderer in vielen körperpsychotherapeutischen Workshops – führt die Schwächung des Über-Ich in der psychotherapeutischen Praxis prinzipiell zu einer stärkeren Anbindung des Ichbewußtseins ans instinktiv-emotionale Selbst. Dies läßt sich auch leicht nachvollziehen, wenn man bedenkt, daß das im Westen kultivierte Ichbewußtsein ja nicht nur ein seiner moralbedingten Entstehung nach rational überbetontes und tendenziell körperfeindliches, von den Instinkten und Gefühlen abgesprengtes psychisches Organ ist; es hat in der Moderne darüber hinaus die Verbindung zu seinen geistigen Wurzeln – etwa die Rückbindung an einen guten Vaterarchetyp – verloren und sich infolge dessen zu einer narzißtisch aufgedunsenen dauergierigen Ego-Blase ausgewachsen, die der Rückbindung mit dem instinktiv-emotionalen Selbst dringend bedarf.

Beachte: weil der wirkliche Mensch seiner Anlage nach kein reines Denkwesen, sondern in erster Linie ein instinktiv-emotional handelndes Lebewesen ist, das ohne die Berücksichtigung der Gefühle zwangsläufig aus seiner Mitte fällt und psychisch pervertiert, stellt das Denken, und gerade auch das abstrakte wissenschaftliche Denken, immer nur ein Mittel, niemals aber den Zweck des Lebens dar! (Diese Feststellung gilt auch dann, wenn Hardcore-Intellektuelle das Gegenteil behaupten.)

3

In welchem Verhältnis stehen die „transpersonalen Inhalte" (Erich Neumann) des kollektiven Unbewußten zu den Inhalten des persönlichen Unbewußten? Der vom patriarchalen Individuationsprinzip, von der herrschenden Moral, zu zerrissenem Innenleben erweckte Mensch nimmt Inhalte, die „primär transpersonale Inhalte sind"[19] – gemeint sind vor allem archetypische Inhalte –, infolge der „sekundären Personalisierung" (Neumann) als zum Ich bzw. zum persönlichen Erfahrungsbereich gehörig wahr. Entsprechend werden archetypische Inhalte vom einzelnen auf Dinge und Personen projiziert – etwa vom Kind auf die Eltern –, die seine Erfahrungswelt ausmachen und von ihm als besonders wirkmächtig wahrgenommen oder als Autoritäten anerkannt werden. Mitunter mit folgenschweren Auswirkungen. Etwa, wenn ein Kind den Mutterarchetyp in seiner furchtbaren Gestalt auf die Mutter projiziert und infolgedessen von Angstgefühlen überschwemmt wird, die es verdrängen muß, um die extrem bedrohliche Situation in psychischer Hinsicht überstehen zu können.

Ich denke, daß ein unmittelbarer Zusammenhang zwischen der Atmosphäre des Elternhauses und der Qualität der

„energetischen Ladung" der Archetypen besteht, von denen das Kind heimgesucht wird. Je bedrohlicher die Eltern dem Kind erscheinen, und je gravierender die von ihnen verursachten Verletzungen des Kindes ausfallen, um so bedrohlicher werden dem Kind auch die dazugehörigen Archetypen erscheinen. Je nachdem, ob die Verletzungen dem Kind eher vom Vater oder von der Mutter zugefügt werden, wird es entsprechend auch eher von bedrohlichen männlichen oder weiblichen Archetypen heimgesucht werden, etwa vom „dunklen Zerstörer" oder von der „bösen Hexe", von innerpsychischen Manifestationen also des archetypischen männlichen Widersachers oder des Mutterarchetyps in seiner furchtbaren Gestalt. Diese archetypischen Negativfiguren, die das Kind mittels des „magischen Bewußtseins" als extrem bedrohlich wahrnimmt, bilden „Strukturelemente des kollektiven Unbewußten"[20] und repräsentieren zugleich die negativen, „dunklen", abgespaltenen Persönlichkeitsanteile der Eltern, die sich auf die Entwicklung der kindlichen Persönlichkeit in der Regel dramatisch auswirken. Der Psychologe Heinz-Peter Röhr merkt an: „Die Hexe müssen wir als die negative, die dunkle Seite der Mutter verstehen, die radikalen Einfluß auf die Persönlichkeit des Kindes nimmt und keinen sicheren, starken Halt vermitteln kann.(...)"[21]

Wie man sieht, werden Archetypen und andere ursprünglich transpersonale Inhalte infolge der sekundären Personalisierung vom einzelnen nicht nur auf den „personalen Bezirk" (Neumann) projiziert und als personal aufgefaßt; vielmehr sind im Lauf der Entwicklung der Psyche auch Mischkomplexe aus transpersonal-archetypischen und personal-individuellen Inhalten entstanden, Verbindungen „archetypischer Strukturen kollektiv unbewußter Präformierung mit personal-einmaligen Inhalten, ohne daß dabei das eine vom anderen abgeleitet werden könnte."[22] Als Beispiel für einen derartigen Mischkomplex sei hier der

„Schatten" angeführt, der sich zum einen aus jenen Anteilen der Persönlichkeit zusammensetzt, die vom einzelnen, moral- und dressurbedingt, als wertlos eingestuft und daher ins persönliche Unbewußte abgeschoben werden, ins Es, zum anderen aus Anteilen der archetypischen „Widersacherfigur des kollektiven Unbewußten"[23]. Die archetypische männliche Widersacherfigur, der Kernbestandteil des „Blaubart-Komplexes", wird uns im dritten Teil dieses Kapitels noch eingehend beschäftigen, vor allem hinsichtlich ihrer Entstehung und Neutralisierung.

Vor diesem Hintergrund wird deutlich, daß der hypermoderne Mensch von einer nicht eindeutig unterscheidbaren Gemengelage persönlicher und kollektiver unbewußter Inhalte beeinflußt und besetzt wird, die eine immer wieder ganz eigene, einzigartige innerpsychische Konstellation bilden.

III.

Nachdem ich im zweiten Teil auf einige Grundpositionen der heutigen psychologischen Forschung eingegangen bin, – allen voran auf solche, die den gesellschaftlich etablierten Kindesmißbrauch zum Gegenstand ihrer Betrachtungen gemacht haben –, gehe ich in diesem dritten Teil in die Tiefe und zeige auf, welche innerpsychischen Entwicklungen zur Entstehung des patriarchalen „Ichbewußtseinssystems" (Erich Neumann) führten. Ich gehe davon aus, daß die Entstehung des patriarchalen Ichbewußtseinssystems – Über-Ich, Ich und Es – den psychophysischen Auswirkungen der bereits im Spätneolithikum kollektiv durchgeführten Dressur junger Menschen zuzuschreiben ist, insbesondere den psychischen Folgeerscheinungen der innerhalb der herrschenden Krieger- und Priesterbünde an Jungen und jungen Männern vollzogenen (Initiations-)Rituale. Diesem Aspekt kommt sowohl aus kulturwissenschaftlicher als auch aus soziopsychologischer Sicht eine zentrale Bedeutung zu: jeder, der das Patriarchat und das patriarchale Ichbewußtseinssystem überwinden oder auch nur modifizieren will, ist gut beraten, sich zuerst einmal die Entstehung und Funktionsweise dieses Systems vor Augen zu führen, vor allem auch hinsichtlich der Entstehung des „Blaubart-Komplexes", des untergründigen Bestandteils des patriarchalen Ichbewußtseinssystems.

Man mag einwenden, daß das patriarchale Herrschaftssystem in den westlichen Zivilisationen zum Teil bereits überwunden worden sei. Richtig, aber die Mitglieder der Eliten und der herrschenden Männerbünde sind auf psychischer Ebene auch heute noch an das patriarchale Werte- und Ichbewußtseinssystem gekettet, weil sie bereits als Kinder daran gekettet wurden, unter anderem durch Mind-Control-Techniken.

„Moment mal", mag an dieser Stelle wiederum jemand einwenden, „weshalb das Patriarchat überwinden? Muß es nicht vielmehr darum gehen, die heutige dekadente und kulturzersetzende Plutokratie durch die Etablierung einer zeitgemäßen aristokratischen Form des Patriarchats zu überwinden, wie es etwa auch Nietzsche vorschwebte?" Nein, die Etablierung eines weiteren patriarchalen Herrschaftssystems stellte keine Zukunft verbürgende Alternative zum Bestehenden dar. Aus mehreren leicht nachvollziehbaren Gründen, auf die ich im vierten Teil dieses Kapitels zu sprechen komme.

Aus wissenschaftlicher Sicht ist es sicherlich nicht unproblematisch, vom Stand der heutigen psychologischen Forschung aus Rückschlüsse auf die psychische Disposition des Frühmenschen zu ziehen; und dennoch ist es hier legitim, weil das von mir behandelte Phänomen – die dauerhafte Dissoziation bzw. Abspaltung „komplexer Bewußtseinszustände oder gar ganzer Persönlichkeitsteile"[24] aufgrund traumatischer Erfahrungen – als ein grundlegender psychophysischer Überlebensmechanismus anzusehen ist, der in ähnlicher Form bereits im Tierreich existiert. So sieht etwa der Streßforscher und Arzt Robert C. Scaer, wie der Psychologe Hans Ulrich Gresch ausführt, (...) „enge Beziehungen zwischen dem Totstellreflex bei Tieren, die in einer bedrohlichen Situation nicht mehr flüchten können, und der Dissoziation in traumatisierenden Situationen."[25]

Es gilt: „(...) self-states are likely to form and remain dissociated as a function of an active mental effort of the relatively non-traumatized self to shield itself from awareness of painful or unacceptable memories, thoughts, feelings and motives. (...)"[26]

Und daß Tiere und Menschen, wenn sie großem Streß ausgesetzt werden, auf psychischer Ebene hochgradig beeinflußbar sind, darf durch die Forschungsergebnisse Pawlows als erwiesen gelten. „Ein Pionier der wissenschaftlichen Erforschung des Zusammenhangs von extremem Stress und Suggestibilität war der berühmte russische Physiologe und Nobelpreisträger Iwan Petrowitsch Pawlow. Pawlow studierte diesen Zusammenhang an Hunden. Der britische Psychiater William Sargant wies jedoch in seinem Buch über die Physiologie der Konversion und der Gehirnwäsche nach, dass sich Pawlows Erkenntnisse nahtlos auf den Menschen übertragen lassen."[27]

2

Um mein Vorhaben zu verwirklichen, muß ich kulturgeschichtlich erneut weit ausholen, weshalb ich einmal mehr die Theorie der Analytischen Tiefenpsychologie zur Orientierung heranziehe. Allerdings nicht in der Weise, daß ich ihre Annahmen kritiklos übernehme. Wie ich festgestellt habe, vertritt der Jung-Schüler Erich Neumann im Buch Ursprungsgeschichte des Bewußtseins in einigen wichtigen

Punkten selber eine patriarchale Weltsicht, weshalb diese Arbeit mit Vorsicht zu gebrauchen ist. Und dennoch ist es legitim, sie als Ausgangspunkt zur Beantwortung der Frage heranzuziehen, unter welchen Voraussetzungen das Patriarchat und das patriarchale Ichbewußtsein entstanden sind. Schließlich liefert Neumann eine der wenigen in sich schlüssigen Erklärungen dafür, die, wenn auch nicht im strengen Sinn wissenschaftlich, so doch mythologisch und tiefenpsychologisch fundiert ist.

Alle mir bekannten soziologischen, kulturwissenschaftlichen und freudomarxistischen „Erzählungen" bleiben die Beantwortung einer grundlegenden Frage gleichermaßen schuldig: wie und weshalb, auf welcher geistigen oder psychischen Grundlage, sind Kephalität und soziale Ungleichheit überhaupt entstanden, wenn doch laut historischem Materialismus das Sein das Bewußtsein bestimmt und die matrifokalen Gemeinschaften des Paläolithikums und Neolithikums, wie die Forschung heute annimmt, allesamt egalitär ausgerichtet gewesen seien?! –

Schwerer als die Kritik der Kritischen Theorie, welche die Annahmen der Analytischen Tiefenpsychologie pauschal als unwissenschaftlich einstuft, wiegt die Kritik Alice Millers, die zu Recht moniert, daß die Theorie der Analytischen Tiefenpsychologie den im Namen der Erziehung gesellschaftlich sanktionierten Kindesmißbrauch als Hauptursache für die Entstehung psychischer Störungen nicht ausreichend berücksichtigt. Das ist in der Tat ein gravierender Mangel, der die Frage aufwirft, wie sinnvoll es ist, dieses Behandlungsmodell ohne Ergänzung durch andere psychotherapeutische Methoden in der Praxis anzuwenden.

Für meine Zwecke erweist sich die Theorie der Analytischen Tiefenpsychologie dennoch als hilfreich. Denn trotz aller berechtigten Kritik muß ihre Grundannahme, dem heutigen Stand der Forschung entsprechend, bis zum

Gegenbeweis als richtig eingestuft werden. „(...) Es ist die Grunderkenntnis der transpersonalen Psychologie, daß die Kollektivpsyche, die Tiefenschicht des Unbewußten, der Wurzelgrund und Wurzelstrom ist, aus dem alles einzelne Ichhafte und Bewußte stammt, in dem es gründet, vom dem her es ernährt wird, und ohne den es nicht existieren kann. (...)"[28]

Das Ichbewußtsein war nicht von Anfang an vorhanden, sondern hat sich als psychisches Organ phylogenetisch und ontogenetisch erst allmählich aus dem kollektiven Unbewußten und dem „kollektiven Bewußten" (Erläuterung folgt) herausentwickelt. Damit will ich nicht andeuten, daß nicht auch schon in der Steinzeit individuelle Unterschiede im Verhalten der Mitglieder eines Kollektivs existierten; von einer Individualität im westlich-neuzeitlichen Sinn, die dadurch gekennzeichnet ist, daß sich das selbstreflektierte Subjekt gegenüber den Objekten der Außen- und Innenwelt sowie gegenüber dem Kollektiv als eigenständig erleben und, kraft des rational-abstrakten Denkens, fast allen Dingen gegenüber eine innere Distanz einnehmen kann, war der Ur- und Frühmensch aber Lichtjahre entfernt (diese Feststellung ist nicht wertend gemeint).

Es ist zu berücksichtigen, daß sich die Forschung noch keineswegs einig darüber ist, was Individualität im ganzen gesehen ausmacht und wie sie zustande kommt, und daß die Forschung „definitiv noch nicht weiß, was der menschliche Geist ist und wie er funktioniert"[29].

Daß ich die „transpersonale Psychologie" (Erich Neumann) hier unmöglich im ganzen wiedergeben kann, versteht sich von selbst; ich bemühe mich aber, meine Ausführungen so einfach wie möglich zu halten und dadurch auch dem „Uneingeweihten" ein Verständnis zu ermöglichen.

Analog zur Analytischen Tiefenpsychologie verwende

ich „den Terminus ‚männlich‘ und ‚weiblich‘ durchgehend nicht als einen geschlechtsgebundenen Persönlichkeitszug, sondern als eine symbolische Bezeichnung, (...) die archetypisch transpersonal ist“[30]. Allerdings muß die Annahme der transpersonalen Psychologie, daß archetypische Ordnungsstrukturen der Psyche vererbbar seien, nunmehr als falsch verworfen werden, da die Forschung die Vererbbarkeit derart komplexer Strukturen ausschließt. Es ist vielmehr davon auszugehen, daß nur die Anlage zur Ausbildung derartiger Ordnungsstrukturen der menschlichen Psyche vererbt wird, die konkrete Ausgestaltung dieser Strukturen jedoch stets durch die Sozialisation der Individuen erfolgt: weshalb die Archetypen in verschiedenen Kulturkreisen unterschiedliche Merkmale aufweisen mögen, die im Kern doch für das gleiche stehen.

Die von den Architekten der Analytischen Tiefenpsychologie vorgenommene Aufteilung der Psyche in Ichbewußtsein, kollektives Unbewußtes und persönliches Unbewußtes greift zu kurz. Ich denke, daß sich aus dem kollektiven Unbewußten nicht sogleich das Ichbewußtsein ausgebildet hat, sondern ein weiteres psychisches Organ, das eine Zwischenstufe zwischen dem kollektiven Unbewußten und dem Ichbewußtsein darstellt: das „kollektive Bewußte“. Ich spreche von einer Form des Bewußtseins, das zwar noch kein gruppenunabhängiges Ich kennt, weil nach wie vor die Gruppe das unhinterfragte Subjekt bildet, wohl aber über eine bereits differenzierte Welt- und Selbstwahrnehmung verfügt: etwa über die Fähigkeit, die Andersartigkeit des Menschen in Relation zu den Tieren bewußt wahrzunehmen und der Besonderheit der menschlichen Spezies kulturell Ausdruck zu verleihen. Zudem ist es mehr als wahrscheinlich, daß den im Paläolithikum und Neolithikum lebenden Menschen auch Inhalte, die man heute dem kollektiven Unbewußten zurechnet, auf eine für uns kaum noch nachvollziehbare

Weise bewußt gewesen sind, weil diese Inhalte vom patriarchalen Ichbewußtsein und vom patriarchalen Über-Ich noch nicht unterdrückt wurden.

Eine genaue Abgrenzung zwischen dem kollektiven Unbewußten und dem kollektiven Bewußten vorzunehmen, ist zwar kaum möglich, weil die Grenzen fließend sind; und dennoch ist es legitim, beim kollektiven Bewußten bereits von einer Form des Bewußtseins mit einer relativ großen individuellen Akzentuierung zu sprechen. Es gilt die Regel: je vielschichtiger, komplexer Emotionalität und Spiritualität bei einer Person entwickelt sind, desto stärker ist auch ihre Individualität entwickelt.

Diese Form der Individualität ist freilich eine andere als jene, die Erich Neumann und den Apologeten des westlichen Patriarchats vorschwebt. Ihr Grund- und Glaubenssatz lautet, daß das Ichbewußtsein ein „Erkenntnisorgan" (Neumann) sei, das „(...) nur bei Ausschluß der emotionalen Komponente des Unbewußten"[31] differenzieren könne. Mag diese Annahme auch auf bestimmte Bewußtseinsakte, wie das rational-abstrakte Denken, zutreffen, so muß sie doch in dieser pauschalen Form als unhaltbar abgelehnt werden. Denn Bewußtseinsakte vollziehen sich prinzipiell auf unterschiedliche Art und Weise, mal mit, mal ohne Beteiligung der Gefühle.

Überdies existieren seit jeher verschiedene Formen des Bewußtseins sowie Auffassungen darüber, was das Bewußtsein ist und wie es funktioniert, nebeneinander, zumal in verschiedenen Kulturkreisen. Im Buddhismus etwa gilt gerade die Überwindung des Ichs als erstrebenswertes Ziel und eine Person, die einen Zustand völliger Gedankenstille und innerer Leere in sich herbeizuführen vermag, als mit einem hochentwickelten Bewußtsein ausgestattet.

Wenn also Erich Neumann vom Ichbewußtsein spricht, dann immer und ausschließlich von jenem, wie es von den indoeuropäischen und semitischen Viehzüchtervölkern im Zeichen der herrschenden Moral hervorgebracht und gewaltsam durchgesetzt wurde. Mit einem Wort: die Auffassung der transpersonalen Psychologie über das Ichbewußtsein hängt in wichtigen Teilen selbst der patriarchalen Weltsicht an. Wer behauptet, die Funktionalität des Bewußtseins beruhe grundsätzlich auf dem „Ausschluß der emotionalen Komponente", der beschreibt einzig und allein eine der Voraussetzungen für das „Funktionieren" des westlich-patriarchalen Ichbewußtseins.

Daß andere Formen des Bewußtseins im westlichen Kulturkreis nicht zur Entfaltung gelangten, ist nun wirklich nicht verwunderlich: schließlich wird der Nachwuchs hierzulande traditionell im Zeichen des patriarchalen Bewußtseins- und Wertesystems dressiert. Sollte jemand dann immer noch ein von der Norm abweichendes Bewußtsein entwickeln, erklärt ihn das Kollektiv in der Regel einfach für verrückt oder nimmt ihn nicht ernst (die marxistisch geschulte Linke etwa qualifiziert emotional gewonnene Bewußtseinsinhalte in der Regel als irrational ab).

Obwohl mir bewußt ist, daß ich mich damit auf dünnem Eis bewege, will ich zum besseren Verständnis auf die von mir erwähnten Arten des Bewußtseins in aller Kürze eingehen. Während das Ichbewußtsein die Fähigkeit besitzt, sich als eine von allen anderen Seinsformen verschiedene Einzelexistenz innerhalb der Natur / der Welt / des Kosmos zu begreifen, besitzt das kollektive Bewußte die Fähigkeit, gerade auch im Unterschied zum kollektiven Unbewußten, der Existenz des Seins und der Besonderheit des menschlichen Daseins in Relation zu allen anderen Formen des Daseins gewahr zu werden.

III.2

Doch jetzt zum Thema „dressurbedingte Traumatisierung von Jungen und jungen Männern im Spätneolithikum"!

Die Forschung stimmt weitgehend überein, daß sich in den paläolithischen Wildbeuter-Kollektiven zwar unterschiedliche Geschlechtsrollenidentitäten bei der Männer- und Frauengruppe etabliert hätten[32], jedoch ohne daß dies zu einem sozialen Ungleichgewicht zwischen den Geschlechtern geführt habe. Vielmehr habe, wenigstens nach soziologischen Gesichtspunkten, ein soziales Gleichgewicht zwischen den Geschlechtern noch bis weit ins Neolithikum hinein bestanden.

Während sich in der eher ortsgebundenen Frauengruppe, die sich schwerpunktmäßig auf das Sammeln von Nahrungsmitteln und auf das Jagen kleiner Tiere verlegt hatte, durch das Erleben von Schwangerschaft, Geburt und Stillzeit vor allem die instinktiv-emotionale Fürsorglichkeit entwickelte und durch eine generationenübergreifende Folge von Mutter-Kind-Bindungen und Mutter-Kind-Beziehungen immer mehr vertiefte und verfeinerte, mußte das über lange Zeiträume ortsungebunden umherschweifende und dauernder Gefahr ausgesetzte Jägerkollektiv der Männer eine andere Form des kollektiven Unbewußten und kollektiven Bewußten entwickeln, die vor allem eines sollte: im Sinn der Gruppe und der Sache funktionieren.

Neumann schreibt: „(...) Jagd und Krieg führen zur Entwicklung des Einzelnen als einem in der Gefahrsituation verantwortlichen Ich, und ebenso zu einer Entwicklung des Führerprinzips. Ganz gleich ob als Situations- und Dauerführer, ob für den bestimmten Zweck des Kanubaus oder einer Jagdexpedition gewählt, die Situation von Führer und Geführten innerhalb der Männergruppe mußte sich entwickeln, auch wenn diese Gruppe noch einem matriarchalen Kern zugeordnet war. (...)"[33]

Obwohl diese Passage einen problematischen Begriff enthält – „matriarchaler Kern" –, liefert Neumann doch den entscheidenden Hinweis darauf, weshalb die Entwicklung des männlichen Kollektivselbst schon seit frühester Zeit eine von der Entwicklung des Kollektivselbst der Frauengruppe verschiedene Richtung nahm. Aber mußte es durch die Verfestigung und Kultivierung spezifischer Geschlechterrollen in der Ur- und Frühzeit zwangsläufig zur Herausbildung des patriarchalen Ichbewußtseins kommen?

Ich denke, daß der bereits innerhalb der paläolithischen Wildbeuter-Kollektive strukturell angelegte und durch die neolithische „Kulturrevolution" (G. Bott) – die Etablierung der Vaterschaft und der Heiligen Hochzeit – verfestigte Geschlechterantagonismus das Entstehen patriarchaler Formen des Bewußtseins zwar begünstigt hat, aber nicht zwangsläufig zur Herausbildung des Patriarchats und des patriarchalen Ichbewußtseins führte. Dies wäre dann doch ein zu deterministisches Bild der Entwicklung, ein zu undifferenziertes. Wo es zu einer dauerhaften Dominanz des Männlichen gekommen ist, müssen noch andere Faktoren mitgespielt haben, als die soziologisch rekonstruierbaren, nämlich die soziopsychologischen.

2

Der Faktor, der ganz entscheidend zur Entstehung des Patriarchats und des patriarchalen Ichbewußtseins beitrug, war meiner Einschätzung nach die kollektiv sanktionierte und exekutierte Dressur junger Menschen im Spätneolithikum. Vor allem anderen jene traditionell in Form von Initiationsritualen an Jungen und jungen Männern vollzogene, durch welche diese gewaltsam in die Männerwelt eingeführt, in die damals herrschenden männlichen Geschlechterrollen hineingezwungen wurden. Es ist mehr als wahrscheinlich, daß diese Initiationsriten – die Dressurmethoden der Frühzeit, denen Knaben und männliche Jugendliche unterzogen wurden – in einigen spätneolithischen Krieger- und Priesterbünden bereits eine solch gewaltsame Form angenommen hatten, daß das Selbst der Initianden dadurch dauerhaft gespalten wurde, weshalb sie in Folge zu empathielosen Schlächtern oder zu Predigern der Gewalt mutierten und mutieren konnten.

Was für einige der im Spätneolithikum angewandten Dressurmethoden gilt, muß erst recht für jene im Altertum angewandten gelten. Der Triumph der hellenischen Herrenschicht über die vorhellenische Bevölkerung etwa verdankte sich doch nicht zuletzt einem System bewährter Dressurmethoden, durch deren Anwendung sich aus dem männlichen Nachwuchs zuverlässig todesverachtende „Kampfmaschinen" und stolze Herrenmenschen heranzüchten ließen.

Es ist daher legitim zu konstatieren, daß die dauerhafte Etablierung patriarchaler Herrschaft und Macht auf die systematische Durchführung bewährter, im Namen der Erziehung sanktionierter und kollektiv exekutierter Dressurmethoden zurückzuführen ist, durch deren Anwendung sich das „wahre Selbst" derer, die damals einer Dressur unterzogen wurden, zuverlässig dauerhaft aufspalten und durch ein „falsches Selbst" überlagern ließ.

Die Theorie der Analytischen Tiefenpsychologie untermauert diese Überlegungen. Weil sich Erich Neumann bei der Erörterung der Entstehung des (Ich-)Bewußtseins hauptsächlich auf die Symbolik der Mythen beruft, beschreibt er gerade nicht das Denken und Fühlen der Masse der damaligen Bevölkerung – und erst recht nicht jenes der versklavten, aus der geschichtlichen Überlieferung ausradierten Stämme und Völker –, sondern jenes der Eliten, der herrschenden männlichen Priester- und Kriegerbünde, die sich durch die Mythen ein Denkmal ihrer Macht setzen ließen. Der sog. „Drachenkampfmythus" etwa – also die Darstellung der Tötung, der blutigen Abschlachtung des Archetyps der Großen Göttin durch die „Lichthelden" – symbolisiert und preist die von den damals herrschenden Männerbünden mit Hilfe ausgeklügelter Dressurmethoden bereits systematisch betriebene Aufspaltung des Selbst in männlich = gut und weiblich = schlecht – und ist somit vor allem auch ein Zeugnis für den Triumph der indogermanischen Eroberer über die vorpatriarchalen Ackerbaukulturen.

So gesehen, ergibt auf einmal alles Sinn: die in den Mythen und auch in vielen Märchen zelebrierte Brutalität, das häufige Auftauchen etwa jenes von mir schon mehrfach erwähnten Motivs der blutigen Abschlachtung des „Urmutterdrachens", des Mutterarchetyps in seiner furchtbaren Gestalt; die Tabuisierung und gewaltsame Unterdrückung der als weiblich und kindlich eingestuften Gefühle, vor allem solcher der Angst und Empathie bei „echten Männern"; sowie die Idealisierung eines männlichen Typs, der sich, offensichtlich jeglicher Empathie beraubt, fortwährend als blutiger Vollstrecker bewähren muß, um als „echter Mann" angesehen zu werden.

Erwägt man, daß die im Patriarchat herrschenden Männerbünde den männlichen Nachwuchs seit jeher durch hochgradig manipulative und übergriffige Praktiken „erziehen", zu denen seit jeher auch der sexuelle Kindesmißbrauch gehört – „Knabenliebe" in Hellas –, wird einen das nach Maßstäben der Vernunft und Menschlichkeit vollends irrational und abartig erscheinende Handeln der Herrschenden im Spätkapitalismus nicht länger wundern. Schließlich werden derartige Praktiken und Dressurmethoden von den Eliten nicht nur bis heute tradiert und kultiviert, sondern durch die auf modernen wissenschaftlichen Erkenntnissen basierenden Mind-Control-Techniken auch immer weiter perfektioniert.

Kulturwissenschaftlich fundierte Belege dafür, daß Jungen und junge Männer durch traumatisierende Dressurmethoden, Initiationsrituale genannt, von vielen der im Spätneolithikum ansässigen Männerbünde bereits systematisch zu empathielosen Schlächtern oder zu solchen das Abschlachten und Unterdrücken anderer als gottgewollt legitimierenden „Propagandaministern der Frühzeit und Antike" erzogen wurden, nämlich zu Priestern, kann ich freilich nicht anführen; aber der heutige Forschungsstand legitimiert meine Überlegungen. Ich fasse die wichtigsten Punkte in aller Kürze zusammen.

Die Grundannahme lautet, daß die Männer für den „Aufbau emergenter soziokultureller Ordnung eine zunächst untergeordnete Rolle"[34] spielten, weshalb sie die männliche Geschlechterrolle im Hinblick auf das soziokulturell überlegene, weil spirituell und emotional weiter entwickelte Frauenkollektiv zu profilieren suchten (zur Erinnerung: der Zusammenhang von Zeugung und Geburt blieb bis ins Neolithikum hinein unbekannt oder spielte in sozialer Hinsicht keine Rolle, vgl. Band I). Um dieses Vorhaben zu verwirklichen, gingen die noch in mutterrechtlich-matrifokal organisierte Gemeinschaften eingebetteten Männergruppen spätestens im Neolithikum dazu über, sich in „Männerhäusern" und Männerbünden zu organisieren und eine spezifisch männliche Geschlechterrolle einzustudieren und zu kultivieren, etwa durch die regelmäßige Durchführung von spezifisch männlichen Initiationsritualen.

Es darf auch als erwiesen gelten, daß dies häufig in entschiedener Entgegensetzung zur Frauengruppe und letztlich in dem Bestreben, den Einfluß- und Autonomiebereich der soziokulturell überlegenen Frauengruppe immer mehr einzuschränken, vor sich ging (soziokulturell überlegen bedeutet nicht sozial privilegiert). Es darf ebenfalls als erwiesen gelten, daß die in den Männerbünden im Lauf der Zeit kultivierten Rituale immer gewaltsamere Züge annahmen, so daß die männliche Psyche schließlich dauerhaft gespalten wurde, bevor die jungen Männer die ihnen zugedachte

Geschlechterrolle als Mann auszufüllen hatten. Grundsätzlich gilt: „Ein Carakteristikum von Männerbünden aller Art ist ihre strenge Reglementierung durch häufig reich ausgestattete Rituale, die sie gegen Wandel schützen sollen. Rituale sind hier ein Mittel zur Durchsetzung eines Sinns, der nicht mehr hinterfragt werden soll. (…)“[35]

Es darf weiterhin als erwiesen gelten, daß Frauen von den bündischen Aktivitäten des Männerkollektivs in der Regel ausgeschlossen wurden, und daß das in den Männerbünden gesammelte Wissen geheimgehalten wurde: etwa das Wissen darüber, wie man Frauen und Kinder durch gezielt durchgeführte Inszenierungen täuschen kann. So weist die ethnologische Forschung darauf hin, daß die männlichen Initianden der Yaka in Südwestzaire durch die Aufführung einer beeindruckenden Tanzzeremonie bei den Frauen und Kindern den Eindruck hervorrufen (wollen), „mit den transzendentalen Kräften auf vertrautem Fuß zu verkehren“[36]. Man darf an dieser Stelle freilich nicht unterschlagen, daß viele Mitglieder der neolithischen Männerbünde wirklich daran glaubten, „mit den transzendentalen Kräften auf vertrautem Fuß zu verkehren“.

Hält man sich vor Augen, daß all dieses Wissen über Jahrtausende gesammelt, vermehrt, vertieft und ausschließlich zwischen den Führungspersönlichkeiten der Männerbünde weitergegeben wurde, nimmt es nicht Wunder, daß etwa die hellenischen Kriegereliten bereits sehr genau wußten, mit welchen Mitteln sie Jungen zuverlässig in empathielose „Kampfmaschinen“, Mädchen aber in von der eigenen Ohnmacht überzeugte Hausfrauen „verwandeln“ konnten.

3

Doch wie ist es zu erklären, daß sich eine derart gewaltsame, traumaverursachende Form der Zurichtung junger Männer bereits in einigen spätneolithischen Männerbünden dauerhaft etabliert hat? Läßt sich auch dafür eine soziopsychologische Erklärung anführen? Ich denke schon.

Während es im Neolithikum im Zuge des erstarkenden Ichbewußtseins und der daraus resultierenden Aufspaltung der Göttin in ihre guten und bösen Aspekte zu einer verhängnisvollen Kopplung des männlichen Kollektivselbst mit dem „Bösen und Zerstörerischen" kam, weil der im Zuge dieser Entwicklung entstandene archetypische männliche Widersacher zu einem festen Strukturelement der männlichen Kollektiv- und Individualpsyche wurde (Erklärung folgt sogleich), identifizierte sich die Frauengruppe auch weiterhin vornehmlich mit den guten, den nährenden und lebenspendenden, Aspekten der Göttin. Um dies dauerhaft bewerkstelligen zu können, also vor sich selbst aufrechterhalten zu können, hat die Frauengruppe wahrscheinlich schon sehr früh damit begonnen, die „bösen Aspekte" der Göttin auf das Männerkollektiv und auf das Männliche zu projizieren. Dies hat ganz ohne Zweifel zur Kopplung des männlichen Selbst mit dem „Bösen" wesentlich beigetragen.

Die Etablierung traumaauslösender Initiationsrituale in den Männerbünden beschreibt, so gesehen, das soziokulturelle Resultat der über viele Generationen fortgeführten Anstrengungen der Männergruppe, die spätestens im Mittelneolithikum etablierte psychische Grundsituation – die infolge der innerpsychischen Ausbildung der archetypischen männlichen Widersacherfigur dauerhaft entstandene Kopplung des männlichen Kollektivselbst mit dem „Bösen" – auf eine für sie vorteilhafte Weise zu verändern. Damit will ich nicht andeuten, daß das neolithische Männerkollektiv die Etablierung derartiger Rituale in diesem Bewußtsein verfolgt hätte. Es ist aber vor diesem Hintergrund nur folgerichtig, daß sich schließlich traumaverursachende Rituale und Dressurmethoden in den Männerbünden durchsetzten, weil sich diese als die wirkungsvollsten dafür erwiesen, sich dem „bösen Anteil" der männlichen Kollektivpsyche nicht nur dauerhaft entziehen, sondern diesen Anteil zugleich zu etwas gänzlich positiv Erscheinendem umwandeln zu können. Die Etablierung derartiger Rituale diente anders gesagt dem Zweck, bewährte Techniken der Dressur zur Anwendung zu bringen, durch die sich das männliche Selbst in der Weise dauerhaft spalten ließ, daß man ein vom archetypisch Weiblichen abgesprengtes Ichbewußtsein generieren konnte, mit dem sich die Destruktionstendenz des männlichen Widersachers zuverlässig als heldisch und gottgewollt verklären ließ.

Somit bezeichnet die Aufrichtung des Patriarchats den dramaturgischen Höhepunkt einer Bewußtseinsentwicklung, die mit der „Abtrennung des männlichen Widersachers von der uroborisch mannweiblichen Großen Mutter" bzw. mit der „Aufspaltung in die große gute Mutter und ihren männlich destruktiven Begleiter"[37] ihren Ausgang genommen hatte und mit der Umkehrung dieser psychischen Usprungssituation endete, nachdem die Destruktionstendenz des männlichen Widersachers durch das (von einem Schöpfergott hergeleitete) männliche „Helden-Ich" restlos verklärt und zum kulturschaffenden Prinzip umgedeutet worden war. Nur bedeutete diese patriarchale Umdeutung eben keine wirkliche Befreiung des männlichen Selbst, weil der Bann, in den das Männerkollektiv durch die innerpsychische Kopplung des männlichen Kollektivselbst mit dem „Bösen" im Neolithikum geraten war, dadurch nicht aufgehoben, sondern verfestigt wurde.

Angesichts dessen war es auch nur folgerichtig, daß die Wertearchitekten des Christentums im Zuge einer neuerlichen Umwertung der Werte der im hellenisch-römischen Patriarchat verherrlichten Heldenfigur die goldene Maske vom Gesicht rissen, um den dahinter agierenden destruktiven Widersacher sichtbar zu machen und für alle Zeit als teuflischen Antagonisten der göttlich-geistigen Welt zu brandmarken.

Was aber war der Auslöser für die frühe „Selbstentzweiung des Männlichen" (Neumann) in das Ich und in die archetypische männliche Widersacherfigur? Eine sich im Zuge des im neolithischen Männerkollektiv formierenden männlichen Ichbewußtseins dauerhaft einstellende Angst vor der Übermacht des „Großen Weiblich-Numinosen" (Neumann), des „Urweiblichen".

Aber woher rührte diese Angst? Aus dem kollektiven Empfinden der Männergruppe, dem Weiblich-Numinosen hilflos ausgeliefert zu sein; aus der kollektiven schmerzlichen Erfahrung, daß das anfangs noch schwach entwickelte männliche Ich von der Übermacht des Unbewußten – das vom Männerkollektiv fatalerweise mit dem Weiblich-Numinosen gleichgesetzt wurde – jederzeit hinweggeschwemmt und aufgelöst werden konnte, so daß das Weibliche schließlich insgesamt als bedrohlich und zerstörerisch, als festhaltend und verschlingend erlebt und bewertet wurde. „(...) Für das Ich und das Männliche ist das Weibliche synonym mit dem Unbewußten und dem Nicht-Ich, das heißt aber auch dem Dunkel, der Finsternis, dem Nichts, dem Loch und der Leere. (...)"[38] Und: „Zum Symbol der verschlingenden Kluft gehört der angsterregende Schoß, das numinose Haupt der Gorgo und Medusa, das Weib mit Bart und Phallus, und die Spinne als furchtbare Verschlingerin. (...)"[39] Laut Psychotraumatologie wirkt gerade auch „die Erfahrung völliger Ohnmacht angesichts einer unerträglichen oder unannehmbaren Situation"[40] traumatisierend. Es ist daher sehr wahrscheinlich, daß es sich bei der Ausbildung der männlichen Widersacherfigur um eine psychische Abwehrreaktion des männlichen Selbst gehandelt hat: einerseits um ein innerliches Weglaufen vor dem als übermächtig und bedrohlich empfundenen Weiblich-Numinosen, andererseits um ein Angreifen des Weiblich-Numinosen, um den noch ungefestigten Ich-Kern vor negativer Beeinträchtigung zu schützen. So gesehen, geschah die Doppelung des männlichen Selbst in das Ich-Zentrum und in den von diesem abgespaltenen männlichen Widersacher zu dem Zweck, dem als bedrohlich wahrgenommenen Weiblich-Numinosen überhaupt begegnen und widerstehen zu können. „(...) Das Motiv der feindlichen Zwillingsbrüder gehört zum Symbolkreis der Großen Mutter. Es erscheint, wenn das Männliche in seiner Selbstentzweiung in das destruktive tötende und positive zeugende Element auseinandertritt und zu seinem Selbstbewußtsein kommt. (...)"[41]

Es ist aufschlußreich zu sehen, daß die Figur des männlichen Widersachers ihre destruktive Kraft zunächst gegen das Ich wendet – ein psychischer Vorgang, der mythologisch durch den Kampf der Jünglingsgestalt mit dem Eber symbolisiert wird, der mit der Tötung des Jünglings endet –, um vom erstarkten Ich später assimiliert und schließlich gegen die Archetypen des kollektiven Bewußten und Unbewußten eingesetzt zu werden, allen voran gegen die Muttergöttin in ihrer furchtbaren Gestalt.

In einem ersten Schritt wird ein Teil des männlichen Selbst abgespalten und dem als furchtbar erlebten Weiblich-Numinosen – dem „Bösen", dem Mutterarchetyp in seiner verschlingenden Gestalt – nachempfunden, in einer männlichen Form nachgeschaffen: die Figur des destruktiven männlichen Widersachers entsteht. In einem zweiten Schritt wird die Widerstandskraft des noch schwach entwickelten Ich-Zentrums durch die dauernde Zufuhr von Libido erhöht, indem es sich gegen den männlichen Widersacher fortwährend behaupten muß. Sobald das Ich ausreichend stabilisiert und mit einem Überschuß an aggressivdestruktiver Energie aufgeladen ist, verbindet es sich mit der Widersacherfigur und wendet die gesamte Destruktionsenergie des dauerhaft dissoziierten männlichen Selbst gegen den Mutterarchetyp in seiner furchtbaren Gestalt.

Traumabewältigung geschieht also nicht nur durch die Erzeugung und Abspaltung alternativer Persönlichkeitsanteile – ego-states oder self-states genannt –, die das Ich – und erst recht ein noch schwach entwickeltes, ungefestigtes – vor negativer Beeinträchtigung schützen (sollen), indem sie das Bild und die „energetische Ladung" der traumatischen Erfahrung vollständig in sich aufnehmen, wenn nötig sogar die traumaauslösende Erscheinung oder die Gestalt und Ausstrahlung der traumaverursachenden Person(en) „energetisch" nachbilden (Stichwort „Täter-Introjekt"); sondern auch durch das sich im Anschluß daran zwischen dem Ich und dem abgespaltenen Teil entwickelnde Drama, in dessen Verlauf das Ichbewußtsein von diesem Teil solange „verfolgt" und zur Reaktion gezwungen wird, bis es die traumatisierten Inhalte vollständig integriert hat, sich diese einverleibt hat. Falls eine solche Integration aber mißlingt oder ausbleibt und die Spaltung bestehen bleibt, besteht grundsätzlich die Gefahr, daß der abgespaltene Teil die Macht über die Person phasenweise ganz an sich reißt und diese dazu zwingt, das erlittene Trauma auszuagieren, es auf Kosten dritter zu reinszenieren.

Diese Auffassung von der Entstehung der männlichen Widersacherfigur steht nicht im Widerspruch zur Theorie der Analytischen Tiefenpsychologie. Vielmehr wird diese durch die Einbeziehung der Ergebnisse der Psychotraumatologie in einigen Punkten überhaupt erst verständlich, gerade auch hinsichtlich psychischer Auf- und Abspaltungsprozesse. Die Herausbildung mancher der sogenannten „Persönlichkeitsinstanzen" (Neumann) basiert wahrscheinlich nicht nur auf dem gleichen „psychischen Mechanismus"

der Traumabewältigung, wie die Erzeugung und dauerhafte
Abspaltung von self-states; vielmehr sind manche der im
Zuge psychischer Abwehrprozesse entstandenen Persönlichkeitsinstanzen im Grunde nichts anderes als self-states,
wenn auch meist aus Anteilen des kollektiven Unbewußten
und persönlichen Unbewußten zusammengesetzte, wie der
„Schatten".

Es bleibt festzuhalten, daß sich die Entwicklung des
männlichen Ichbewußtseins von Anfang an auf eine (selbst-)
destruktive Art und Weise vollzog. Um die Unversehrtheit
des noch ungefestigten Ich-Kerns zu gewährleisten, spaltete
sich das Selbst auf und schuf mit der Ausbildung der männlichen Widersacherfigur eine auf Destruktion ausgerichtete
psychische Struktur, mit der die Zerschlagung, Unterdrük-
kung und „Deflationierung" (Neumann) des Mutterarchetyps und anderer Inhalte des kollektiven Bewußten erfolgreich durchgeführt werden konnten. „(...) Selbstbewußt
werden, überhaupt bewußt werden, fängt mit einem Neinsagen an. Neinsagen zum Uroboros, zur Großen Mutter und
zum Unbewußten. Und wenn wir die Akte der Bewußtseins-
und Ichbildung untersuchen, dann müssen wir erkennen,
daß sie zunächst alle negative Akte sind. (...)"[42]
Der langwierige Prozeß der innerpsychischen Auf- und
Abspaltung des archetypisch (Ur-)Weiblichen vollzog sich
natürlich nicht von allein, sondern wurde durch die Durchführung entsprechender Rituale und anderer Dressurmethoden in den Männerbünden systematisch vorangetrieben,
wenn auch zunächst nicht in selbstreflektierter Manier.

4

Der Aspekt der Opferung von Menschen oder Tieren lohnt einer näheren Betrachtung. Vergegenwärtigen wir uns: die Einführung männlicher Götter beginnt mit dem ithyphallischen
Fruchtbarkeitsgott, dem „Sohngeliebten" der Muttergöttin,

der als Stier die Göttin des Himmels und der Erde befruchtet. Schon bald wird der mythische Fruchtbarkeitsgott auch Vegetationsgott, der sterblich ist und jährlich wiederaufersteht. Der Kult der Großen Göttin wird nunmehr durch einen männlichen Gott ergänzt und in Form der Heiligen Hochzeit als universeller Fruchtbarkeitskult im Neolithikum eingeführt (wahrscheinlich zwischen 7000 u. 5000 v.u.Z.).

Der männliche Vegetationsgott ist aber der Göttin nicht gleichgestellt, er ist sterblich und wird ihr als Opfer dargebracht. Ursprünglich gilt: das Männliche muß sterben, damit die Erde – das Weibliche – befruchtet wird und gedeihen kann. Neumann schreibt: „(...) Es spricht alles dafür, daß in ältester Zeit immer ein Menschenopfer als Opferung des Gottes, des Königs, des Priesters, für die Erdfruchtbarkeit dargebracht wurde. Ursprünglich wird überall das Männlich-Befruchtende geopfert, denn Befruchtung ist nur möglich durch Opferung des Blutes, in dem das Leben enthalten ist. (...)"43

Aber auch wenn Neumann falsch liegen sollte und im Neolithikum keine Männer – Jünglinge? – stellvertretend für den Vegetationsgott geopfert wurden, so muß doch die auch nur symbolische Opferung des Männlichen vom Männerkollektiv im Zuge der Ichbewußtwerdung irgendwann als eine unerträgliche Zumutung empfunden worden sein. Zumal das alteuropäische Mutterrecht, das dem weiblichen Prinzip die Unsterblichkeit vorbehielt, das männliche Prinzip dazu verurteilte, im göttlich verklärten „ewigen Weiblichen" fortwährend auf- und unterzugehen.

Hier haben wir einen weiteren Punkt, der nicht nur die Angst des neolithischen Männerkollektivs vor dem „Urweiblichen" aufs neue verständlich macht, sondern auch die vom Männerkollektiv systematisch durchgeführte Abwertung der im neolithischen Mutterrecht geheiligten Werte in einem anderen Licht erscheinen läßt.

Um die ritualisierte Opferung des Männlichen mitsamt
den Verhältnissen, die dieses Opferritual legitimierten, aus
der Welt zu schaffen, verlegten die Männer den Vorgang der
Opferung nach innen. Sie gingen dazu über, sich dem Einfluß des Weiblichen dadurch zu entziehen, daß sie jene Teile
des männlichen (Gruppen-)Selbst abspalteten, die noch ganz
unter dem Einfluß des Weiblichen und Weiblich-Numinosen standen. Zu diesem Zweck entwickelte und kultivierte
das neolithische Männerkollektiv spezifisch männliche
Formen der „Abstinenz und Askese" (Wolfgang Lipp), durch
deren strikte Einhaltung sich nicht nur die unerwünschten
Anteile des Selbst erfolgreich unterdrücken und abspalten
ließen, sondern auch jene Anteile gestärkt und ausgebildet
werden konnten, die sich dem Weiblichen gegenüber bereits
als durchsetzungsfähig erwiesen hatten.

Wie bei der Ausbildung des männlichen Widersachers
haben wir es auch hier mit einem selbstdestruktiven innerpsychischen Vorgang zu tun, der in der Dialektik der Aufklärung mit den Worten „Die Geschichte der Zivilisation
ist die Geschichte der Introversion des Opfers. Mit anderen
Worten: die Geschichte der Entsagung"[44] kurz und bündig
auf den Punkt gebracht wird .

Vor diesem Hintergrund, der dauernden Ausübung
selbstdestruktiver psychischer Gewalt in den neolithischen
Männerbünden, ist es nicht überraschend, daß sich schließlich ein Empfinden der Schuld im Gemüt vieler der damals
lebenden Männer festsetzte.

Zum einen wurde die Aufspaltung der Welt in innen
und außen und in gut und böse als Schuld erfahren, weil
dadurch das Empfinden der Ganzheit der Welt verloreng-
ging; zum anderen lud das neolithische Männerkollektiv
„Schuld" auf sich, weil es eine spezifisch männliche Identität und Moral in sich entwickelte und diese nach und nach
gegen die herrschenden Sitten und Bräuche – und somit

auch gegen die Interessen und Bedürfnisse des Frauenkollektivs – durchsetzte, wodurch die Männer zu Brechern und Zerstörern des alten Natur- und Mutterrechts wurden. Die Forschung bezeichnet daher Männerbünde auch als verschworene Opfer- und Schuldgemeinschaften. „(...) Wenn Opfern, Selbstopfern, paradox am Ende bedeutet, ein Sakrileg zu begehen – denn das Geschehen greift ein in Leben, es reißt es heraus aus Gefügen, die a priori Ordnung hatten –, werden Bünde im Anblick von ,Schuld', aus Schuldgefühl und Schuldverschworenheit geschlossen. Sie stehen auf als Gemeinschaften derer, die das alte ,Gesetz', das zugleich ,Naturzustand' war, verbrecherisch brachen, die schuldig wurden und sich bereiten, selbstopfernd selbst in den ,Tod' zu gehen. (...)"[45]

Es waren aber nicht nur kollektiv- und individualpsychische Entwicklungen, die schlußendlich zur Zerschlagung der matrifokalen Gemeinschaften durch die Männerbünde führten. Auch die Erfahrung des Ausschlusses aus der eigenen Blutsfamilie und der zwangsweisen Integration in eine fremde Blutsfamilie, die jedem Jüngling mit dem Erreichen der Geschlechtsreife wegen des Exogamieprinzips bevorstand, muß und wird im Zuge der Ichbewußtwerdung irgendwann einen bleibenden schmerzlichen Eindruck hervorgerufen haben. Schließlich blieb den jungen Frauen dieses Schicksal erspart, sie konnten sich, im Unterschied zu den jungen Männern, im Schutz der eigenen Blutsfamilie bis ins hohe Alter entfalten.

Und ja, klar, auch der Übergang zur produzierenden Wirtschaftsweise mit der Möglichkeit, erstmals einen Überschuß an Nahrung anzuhäufen, hat das Bewußtsein der Menschen im Lauf der Zeit zweifellos verändert. Interessanterweise waren es aber laut Forschung gerade nicht die noch matrifokal organisierten Ackerbaukulturen des Neolithikums, die irgendwann zu einer aggressiven Aneignung von Besitz und Macht übergingen, sondern die auf Großviehzucht spezialisierten Stämme und „Völker"!

Fazit: im Zuge der Herausbildung eines spezifisch männlichen Ichbewußtseins erfuhren sich die dem neolithischen Männerkollektiv zugehörigen Männer wegen der innerpsychischen Dominanz des „Großen Weiblich-Numinosen" nicht nur im Innern als fremd und fremdbestimmt, sondern fanden sich auch innerhalb der matrifokalen Gemeinschaften als heimatlose Fremde wieder, nämlich als geduldete Mitglieder einer fremden Blutsfamilie, die im wesentlichen von einer durch Blutsverwandtschaft zusammengeschweißten Gruppe alter und junger Frauen gebildet wurde. Auch in diesem Punkt hat die Analytische Tiefenpsychologie Wesentliches erfaßt: „(...) Das Matriarchat mit seiner Exogamie erschwert die Bildung der Männergruppe, indem die Männer nach außen und zur Zerstreuung gezwungen werden, da sie zunächst matrilocal als Fremde im Stamm der Frau leben müssen. Der Mann ist als Eingeheirateter klanfremd, als Klanangehöriger aber ortsfremd, d.h. wo er, wie immer ursprünglich, am Ort der Frau, matrilocal, lebt, ist er in seinem Wohnort geduldeter Fremder; an seinem Ursprungsort, wo seine Rechte gültig sind, lebt er aber nur zeitweise. Durch diese Institution wird, worauf Briffault hingewiesen hat, die Autonomie der weiblichen Gruppe gestützt, die von Großmutter, Mutter zur Tochter geht, die männliche Gruppenbildung aber gestört. (...)"[46]

(Man ersetze den Begriff Matriarchat durch Mutterrecht oder matrifokale Gemeinschaft.) Auch wenn es eine Übertreibung wäre, die Entstehung aggressiver Männerbünde allein auf die innerhalb der matrifokalen Gemeinschaften herrschenden Geschlechterverhältnisse zurückzuführen, so wird vor diesem Hintergrund nicht nur das Ringen des neolithischen Männerkollektivs um die Ausbildung einer spezifisch männlichen Identität verständlich, sondern auch einmal mehr seine Motivation, die in den matrifokalen Gemeinschaften etablierte Ordnung zu überwinden.

III.3

Wenn ich zuletzt einige Punkte angeführt habe, welche die von den Männerbünden des Neolithikums und der Frühantike vollzogenen Anstrengungen, die mutterrechtlich-matrifokal geprägten Sitten und Bräuche zu überwinden, verständlicher machen, dann ausdrücklich nicht, um die Unterdrückungsmechanismen des patriarchalen Herrschaftssystems zu rechtfertigen. Sondern um aufzuzeigen, daß es mit der Entstehung des Patriarchats und des patriarchalen Ichbewußtseinssystems weit mehr auf sich hat, als viele Vertreter der positiven Wissenschaften und der Kritischen Theorie, wie Riane Eisler und Gerhard Bott, eingestehen wollen.

Die Feststellung, daß in den matrifokalen Gemeinschaften des Neolithikums Geschlechteregalität geherrscht habe, mag soziologisch gesehen zwar richtig sein; sie erweist sich aber als wenig hilfreich, wenn es darum geht, die Vorgänge, die zur Entstehung des Patriarchats geführt haben, zu erfassen und zu verstehen. Dies kann nur eine soziopsychologische Untersuchung leisten, die den Forschungsstand der Kulturwissenschaft und der Soziologie berücksichtigt; und erst durch eine solche Untersuchung wird auch deutlich, weshalb das patriarchale Werte- und Bewußtseinssystem von uns Heutigen überwunden, wenigstens modifiziert werden muß.

Es sind ja nicht bloß Affekte der Angst und Schuld, die zur dauerhaften Formierung des patriarchalen Ichbewußtseinssystems nachhaltig beigetragen haben, sondern auch Wut- und Haßgefühle auf das Weibliche, von denen sehr wahrscheinlich bereits viele der spätneolithischen Krieger- und Priesterbünde umgetrieben wurden. Es ist jedenfalls evident, daß Wut- und Haßgefühle auf das Weibliche bereits an der Ausbildung des „männlichen Widersachers" beteiligt waren, und daß Affekte der Wut diese Persönlichkeitsinstanz auch seit jeher zuverlässig mit frischer Destruktionsenergie versorgen, zumal Wut- und Haßgefühle auf das Weibliche dem männlichen Nachwuchs durch Initiationsriten und andere Methoden der Dressur schon immer eingeimpft werden. Nur unter dieser Voraussetzung konnte es Generationen von Jungen und jungen Männern gelingen, die Mutter auf psychischer Ebene dramatisch abzustoßen[47] bzw. „einen klaren Bruch mit der Mutter"[48] zu vollziehen bzw. zu einer eigenen Identität vor allem auch „auf negativem Weg zu kommen, nämlich über die Negation alles Weiblichen in sich und um sich herum"[49].

Die Durchsetzung des westlichen patriarchalen Herrschaftssystems, die „während der Entwicklung der griechischen Gesellschaft zur Hochkultur gegen Ende des 8. Jahrhunderts"[50] erstmals verwirklicht wurde, bezeichnet mithin den Höhepunkt einer Entwicklung, als der innerpsychische Verrat der Männer am (eigenen) Weiblichen bereits zu einer unhinterfragten Selbstverständlichkeit geworden war, ja zu einem unhinterfragten Grundprinzip der Mannwerdung und des Mannseins.

Der Verrat zielte und zielt ins Innerste des Lebens. Es ist der vom patriarchalen Männerkollektiv instinktiv vollzogene heilige Schwur, mit der männlichen Widersacherfigur ein unverbrüchliches Bündnis einzugehen und alles zu bekämpfen, was dieses Bündnis gefährden könnte, etwa Gefühle der Angst oder auch Liebesgefühle zu Frauen. Und mehr noch. Viele Generationen von Priestern, Philosophen und Kriegsherren haben sich mit dem männlichen Widersacher – als dem „dunklen Bezwinger" des Weiblichen und dem Garanten männlicher Macht (in der Psyche) – darüber hinaus auch gedanklich identifiziert, den Verrat am Weiblichen vor den Frauen verschweigend, verheimlichend, vertuschend. Schließlich ist es unter „richtigen Männern" schon immer Ehrensache (gewesen), das höchste Gebot der verschworenen Männergemeinschaft streng zu befolgen, nämlich die Macht über das Frauenkollektiv um jeden Preis zu erhalten und daher alles tunlichst zu vermeiden, was die Vormachtstellung des patriarchalen Männerkollektivs gefährden könnte.

Vor diesem Hintergrund ist es nur folgerichtig, die Figur des männlichen Widersachers, sobald diese zum untergründigen Bestandteil des patriarchalen Ichbewußtseinssystems geworden ist, als „Blaubart-Komplex" zu bezeichnen. Einigen mag dies zu gewagt oder zu weit hergeholt erscheinen. Es ist aber legitim, weil der zum „Blaubart-Komplex" weiterentwickelte männliche Widersacher – analog zu der im Märchen beschriebenen archetypischen Figur des Blaubart (siehe Anhang) – in der männlichen Individual- und Kollektivpsyche als heimtückischer Vernichter aller als weiblich und daher als nicht lebenswert eingestuften Regungen par excellence fungiert – und daher für die Aufrechterhaltung des Patriarchats unentbehrlich ist!

Die Tiefenpsychologin Clarissa Pinkola Estés bestätigt diese Einschätzung: „Bei einer psychologischen Märcheninterpretation wie dieser werden sämtliche Charaktere und Aspekte einer Geschichte zu Symbolen für das Drama, das sich in der Psyche einer einzigen Person abspielt. Die Blaubartfigur repräsentiert eine weit nach innen verdrängte mörderische Energie, die am Rande des Bewußtseins jeder Frau auf die nächstbeste Gelegenheit wartet, Widerstand gegen alles Weiterführende zu leisten. Obwohl Blaubart in der männlichen Psyche eine andere Gestalt annehmen mag, ist er der Archetyp des ältesten Widersachers beider Geschlechter. (...)"[51]

Mit dem entscheidenden Unterschied, daß sich viele Männer mit dem Blaubart-Komplex seit jeher instinktiv-affektiv identifizieren, die Mitglieder der nach Herrschaft und Macht strebenden Krieger- und Priesterbünde in der Regel auch gedanklich.

In der männlichen Psyche übernimmt dieser hochwirksame Negativkomplex die Funktion eines Zucht- und Kerkermeisters und Henkers, der nicht nur die Rückbindung der verdrängten und abgespaltenen weiblichen Anteile ins Bewußtsein zu verhindern sucht, sondern auch jegliche emotionale Regung, die das von ihm untergründig kontrollierte patriarchale Ichbewußtseinssystem ihrer Qualität nach gefährden könnte – vor allem Gefühle der Angst und Liebe –, augenblicklich zu unterdrücken, ja zu vernichten trachtet.

In der weiblichen Psyche sorgt er dafür, daß die Frauen von der ihnen einwohnenden Kraft und Kreativität, etwa von ihren „instinktiven Urkräften" (C.P. Estés), abgeschnitten werden und möglichst gar kein Bewußtsein über sich und ihre inneren Qualitäten erlangen, damit sie sich in die ihnen zugedachte Rolle als Hausfrau und gute Mutter schicken.

Seine grundlegende Funktion besteht also darin, Männer und Frauen von bestimmten, der herrschenden Moral nach unerwünschten inneren Qualitäten dauerhaft abzuschneiden, damit sie kein Bewußtsein über ihr „wahres Selbst" erlangen. Entsprechend wird dieser Negativkomplex von den patriarchalen Eliten auch seit jeher kultiviert und weiterentwickelt und sowohl dem männlichen als auch dem weiblichen Nachwuchs durch geeignete Methoden der Dressur eingepflanzt, um die derart Konditionierten in willfährige Erfüllungsgehilfen des herrschenden Systems zu verwandeln.

Daher müssen letztlich nicht nur Frauen, sondern auch viele Männer als Opfer dieses Negativkomplexes angesehen werden. Nur haben sich die meisten Männer, im Unterschied zu den Frauen, in der Regel eben nicht als Opfer, sondern als Herren empfunden und inszeniert! Das ist das wahrhaft Abgründige, Tückische, Perfide, an der Sache. Denn das männliche Wach- oder Ichbewußtsein weiß in der Regel nichts von den abgründigen Vorgängen in der Psyche, ist sich der instinktiv-affektiven Verbindung des männlichen Selbst mit dem Blaubart-Komplex nicht bewußt. Nicht nur, weil es seit jeher von der Überzeugung narkotisiert wird, heldisch, gut, tugendhaft und vor allem: göttlich-geistiger Abkunft zu sein, oder, in der Neuzeit, ausschließlich verstandes- und vernunftgemäß zu handeln, etwa im Sinne der Staatsräson; sondern auch, weil der eigene „Schattenanteil" für gewöhnlich auf andere projiziert wird und so als das Eigene nicht zu Bewußtsein kommt (bei den Hellenen auf die „Barbaren" genannten Völker, bei den Deutschen traditionell auf einen „die Ausländer" genannten Personenkreis).

Vor allem anderen aber ist es die ungeheure Angst der Männer vor der Macht des „Urweiblichen", die sie am instinktiv-affektiv geschlossenen Pakt mit dem Blaubart-Komplex besinnungslos festhalten macht, das aus dieser Verbindung fortwährend erwachsende Zerstörerische und Selbstzerstörerische geflissentlich ausblenden oder bagatellisieren und verklären läßt. Es ist die uralte, längst schon instinktgewordene Angst des männlichen Ichs, vom „Urweiblichen zurückgefressen, verschlungen", ausgelöscht zu werden, falls es mit dem Blaubart-Komplex bräche und dem patriarchalen Ichbewußtseinssystem dadurch sein untergründiges Fundament entzöge. Es gilt die Regel: je mehr sich die Männer vor der Macht des „Urweiblichen" fürchten – das archetypisch für das Unbewußte, die Natur und die menschliche „Wildnatur" (C.P. Estés) steht –, um so mehr wird in ihnen auch der Haß auf alles Weibliche schwelen.

Und heute, nachdem das Band zwischen dem männlichen Ich und einem vermeintlich allmächtigen, über den Dingen thronenden Schöpfergott unwiderruflich zerrissen ist, hat sich diese Angst noch einmal beträchtlich gesteigert. Eines ist ja auch nicht von der Hand zu weisen: der Bruch mit dem Blaubart-Komplex bedeutete auch das Ende der männlich-patriarchalen Vorherrschaft, und nur die wenigsten Männer sind zu einem endgültigen Bruch mit dem patriarchalen Wertesystem heute schon bereit. Nicht nur die Angst, sich dadurch angreifbar und verletzbar zu machen und der Willkür anderer hilflos ausgeliefert zu sein, hindert viele daran, einen endgültigen Bruch zu vollziehen, sondern vor allem auch die Angst vor dem eigenen abgespaltenen Schmerz, mit dem man dann unweigerlich konfrontiert würde, – und so bleibt man auch weiterhin „lieber" ein Gefangener dieses innerpsychischen Kontrollsystems, als sich an seiner Überwindung zu versuchen. Aus Angst. Und aus Angst vor der Angst.

2

Infolge der extremen, durch die christlich-bürgerliche Doppelmoral im Zeichen von Gut und Böse vollstreckten Vertiefung der psychischen Spaltung und der damit einhergehenden innerpsychischen Abspaltung der als teuflisch dämonisierten heidnisch-archetypischen Helden und Könige, wurde der Blaubart-Komplex zur eigentlich herrschenden psychischen Kraft in der Neuzeit, die das haltlose Massen-Ich nach Belieben vor sich hertreibt.

Der abgespaltene, im Unbewußten agierende Teil des Blaubart-Komplexes – ein aus Anteilen des kollektiven Unbewußten und des Es' zusammengesetzter Negativkomplex von antropomorph-männlicher Erscheinung – hat sich im christlich geprägten Kulturkreis nicht nur der Idee nach, sondern faktisch zum ganz und gar „Bösen" gewandelt, zum teuflischen Antagonisten der geistigen Welt, dem alles Materielle unterworfen, alles Körperliche hörig und zugehörig ist.

Gemäß der vollends widersinnigen Festlegung des geschichtlichen Christentums „Die wirkliche Welt ist böse und sollte besser nicht sein, folglich sollte auch der wirkliche Mensch nicht sein", wurde er vom Verräter am Weiblichen zum Verräter am Wirklichen weiterentwickelt – und dadurch gänzlich ins Monströse und Ungeheuerliche aufgebläht, zum Unterdrücker und Zerstörer einer nie gekannten Vielzahl von Instinkten und Trieben, Gedanken und Gefühlen.

Daher war die Spaltung zwischen Ich und kollektivem Unbewußten, Über-Ich und Es, Kopf und Bauch, Verstand und Gefühl, Denken und Instinkt auch zu keiner Zeit stärker ausgeprägt als in der Epoche der gänzlich im Zeichen der doppelten Moral des Kirchenchristentums und Bürgertums stehenden Neuzeit, nie der nunmehr vollends im Unbewußten agierende und das Ich heimlich beeinflussende männliche Verräter gefährlicher, heimtückischer, giftiger, pervertierter, unberechenbarer, unterminierender, zersetzender, lebensbedrohlicher, heuchlerischer, infamer. Man weiß nichts davon, ahnt es meist noch nicht einmal, aber der uneingestandene, abgespaltene und sich im Blaubart-Komplex ballende Kollektivhaß auf alles Ursprüngliche, Natürliche, Naturgegebene, ist real und tritt in der inzwischen halt schon vollends offensichtlichen Natur- und Selbstverwüstung zutage, die vom selbstherrlichen, weil narzistisch überbetonten Ich des modernen Menschen betrieben wird, das sich – und das ist das zutiefst Tückische daran – für unabhängig hält, für aufgeklärt und fortschrittlich und allein der Ratio verpflichtet.

In Wirklichkeit wird es dauernd von der Destruktionsenergie des männlichen Widersachers durchdrungen und umgetrieben und führt im Zeichen der „instrumentellen Vernunft" in der Außenwelt nur aus, was durch den Blaubart-Komplex im Innern – im psychischen Weltinnenraum – vorgegeben wird: die Unterdrückung, Verhinderung, Manipulation, Erniedrigung, Instrumentalisierung, Pervertierung und Verwüstung eines Großteils der natürlichen Anlagen. Daher ist es, überspitzt formuliert, nicht die menschliche Natur, die den schrecklichen Grundtext des Lebens ausmacht, wie Nietzsche meinte, sondern die menschliche „Unnatur und Widernatur", die dadurch charakterisiert wird, daß der psychisch gespaltene Mensch einen Teil der eigenen Natur verleumdet und fortwährend wie eine ichfeindliche fremde Macht, die sich im Innern festgesetzt hat, angreift und bekämpft.

IV.

„Gehe nicht wohin der Weg führen mag, sondern dorthin, wo kein Weg ist – und hinterlasse eine Spur." Emerson

Es ist bestimmt nicht meine Absicht, das Patriarchat in Bausch und Bogen zu verdammen. Im Gegenteil, auch ich habe die vollkommenste Frucht des patriarchalen Geistes, das Apollinische, den Inbegriff des schönen Scheins und der großen kulturstiftenden Architektur, verehrt und geliebt, liebe es noch. Wer von der geistig-formalen Vollkommenheit der hellenisch-römischen Kunst und Kultur nicht im Innersten ergriffen oder wenigstens angerührt wird, ist, ich spreche es unverblümt aus, ein Kretin.

Aber auch diese Bewertung ist heute eigentlich schon unzulässig, wirkt anachronistisch und reaktionär, weil der Beginn der nachpatriarchalen Epoche in Europa mit dem Prozeß der industriekapitalistischen Modernisierung der westlichen Zivilisationen unwiderruflich angebrochen ist. Wie sehr man es auch bedauern mag, es führt kein Weg zurück, und so heißt es Abschied nehmen von dem, was war und in einer ähnlichen Form nicht wiederkehren wird: Hellas ... Rom ... Renaissance. Vorbei. (Daß die christliche Doppelmoral und die aus ihr hervorgegangenen Hybridformen der Moral keine lebenswerte Zukunft verbürgen, sollte deutlich geworden sein, vgl. Band I.)

Was gibt mir das Recht zu dieser Feststellung?

1) Die Gewißheit, daß der hypermoderne Mensch wegen seiner moralbedingten psychischen Disposition am Versuch der Wiederaufrichtung der Herrenmoral – genauer: am Versuch der Etablierung einer neuen Aristokratie antiken Zuschnitts oder anderer Formen elitärer patriarchaler Herrschaft – auf unabsehbare Zeit notwendig scheitern muß.

2) Die offensichtliche Tatsache, daß das Patriarchat seine geistige Legitimation und Grundlage, die Rückbindung des männlichen Ichs an einen Schöpfergott – Zeus, Jupiter, den Christengott –, in den westlichen Zivilisationen unwiderruflich eingebüßt hat.

3) Die Einsicht, daß das patriarchale Ichbewußtseinssystem überwunden oder wenigstens modifiziert werden muß, weil es als Bollwerk der psychischen Abwehr und Abwertung des (Ur-)Weiblichen im Innern errichtet worden ist – und daher immer die Überhöhung des Männlichen auf Kosten des Weiblichen herstellt, ausschließlich in dieser Weise funktioniert.

4) Der jegliche Vorstellungskraft übersteigende Machtmißbrauch, der im vormodernen Patriarchat und in der modernen Klassengesellschaft im Namen des „Guten" von den Herrschenden kultiviert worden ist. Und die unwägbaren Risiken, die man in Kauf nehmen müßte, wollte man das patriarchale Herrschaftssystem fortsetzen, wenn auch unter anderen Vorzeichen. Die Historikerin Gerda Lerner merkt an: „(...) Das System des Patriarchats ist ein historisches Konstrukt. Es hat einen Anfang, und es wird ein Ende haben. Seine Zeit scheint zur Neige zu gehen – es dient nicht länger den Bedürfnissen von Männern oder Frauen, und seine unauflösliche Verstrickung mit Militarismus, hierarchischer Struktur und Rassismus ist eine unmittelbare Bedrohung für den

Fortbestand des Lebens auf unserem Planeten."[52]

5) Das Wissen um die Notwendigkeit, den Blaubart-Komplex zu neutralisieren und das moderne Ichbewußtsein ans kollektive Unbewußte oder, je nach individuellem Entwicklungsstand, ans kollektive Bewußte rückzubinden, um zu verhindern, daß es vollends pervertiert, sich gänzlich im Unmenschlichen und Abstrakten verliert;

6) Vor allem anderen aber das Wissen darum, daß uns Heutigen – den nach Selbst- und Ganzwerdung strebenden Männern und Frauen – eine andere Aufgabe zukommt, als die Wiederaufrichtung des Patriarchats und der Herrenmoral: die Aufgabe nämlich, das Selbst aus dem „Bann des Bösen" zu befreien, in den es im Zuge der Selbstbewußtwerdung des neolithischen Männer- und Frauenkollektivs geraten ist. Denn das ist erst heute, durch die Methoden der Psychotherapie und der Psychotraumatologie, überhaupt in den Bereich des Möglichen gerückt.

An dieser Stelle sei das große Ganze, meine philosophisch-psychologische Vision, vorgestellt: die Schaffung einer nachpatriarchalen und nachkapitalistischen Kultur kann unter der Voraussetzung gelingen, daß das in der westlichen Welt kultivierte patriarchale Ichbewußtseinssystem mit Inhalten des vorpatriarchalen Bewußtseinssystems angereichert und dadurch grundlegend modifiziert wird (vgl. den Abschnitt „Integration des Urweiblichen" auf Seite 100 ff.) Um diese Vision zu verwirklichen, ist es freilich nötig, erst einmal die Strukturen dafür zu schaffen, daß das oben skizzierte Transformationsgeschehen in gesellschaftlich relevanter Weise durchgeführt werden kann, (vgl. Teil V.2, Gründung einer Schule, S. 123 ff.).

Hoffnung, daß diese Vision von den heute Herrschenden für wichtig erachtet oder sogar zu einem Politikum gemacht werden könnte, besteht nicht. Zumal es sich, wenn man sich dafür entschiede, die Verwirklichung dieser Vision in Angriff zu nehmen, um eine Aufgabe handelte, die nur von mehreren Generationen vollendet werden kann, – und in Aufgaben wie dieser erkennen die heute Herrschenden keinen Sinn. Es ist dies einer der Gründe dafür, daß ich dieses Kapitel im Vorwort, vergleiche Band I, als das „fragwürdige Kapitel" bezeichnet habe.

Zudem fußen einige der im folgenden aufgezeigten psychischen Transformationsverfahren auf Erfahrungswerten, die sich einem wissenschaftlichen Verstehen zum Teil noch entziehen. Ich warne ausdrücklich davor, diese Verfahren ohne professionelle Hilfe anzuwenden, falls man kein versierter Praktiker ist.

Dennoch hat es eine tiefe Berechtigung, wenn ich diese visionären Gedanken veröffentliche. Zum einen, weil sie zugleich Bestandteil einer fundamentalen Systemkritik sind; zum anderen, weil ich ein Konzept ausgearbeitet habe, in dem ich aufzeige, wie diese Vision verwirklicht werden kann; des weiteren, weil sich irgendwann, vielleicht schon in absehbarer Zeit, ein anderer Menschentyp herausbilden wird, als der heutige egobesessene westliche Mensch, – und für diesen zukünftigen Menschen, der Konzepte wie die im folgenden explizierten zur Einrichtung der Gesellschaft wahrscheinlich dringend brauchen wird, führe ich diese Gedanken aus.

Wer dies für Wichtigtuerei hält, übersieht, daß die Vorläufer dieses neuen Menschen, dem vermutlich und hoffentlich die Zukunft gehören wird, heute schon überall auf der Welt anzutreffen sind. Ich spreche von jenem Personenkreis, der den Nationalisten und Faschisten aller Länder den Angstschweiß aus den Poren treibt, weil er, als eine die heute existierenden Nationalitäten in sich vereinende und diese dadurch aufhebende Gruppe, das Entstehen der ersten „interantinationalen" (aus dem Manifest des „Haller Verlags") globalen Menschheitskultur anzeigt – und dadurch zugleich das Abrutschen der bisherigen Kulturen und Rassen und Nationen in die Bedeutungslosigkeit. Ob halb Russe, halb Afrikaner, halb Deutscher, halb Japaner, oder halb Engländer, halb Brasilianer: es ist nicht zu übersehen, daß dieser aus Mischlingen bestehende Personenkreis beständig zunimmt.

Durchaus denkbar, daß das Entstehen dieses neuen Menschen mit Notwendigkeit geschieht, weil es dem Überleben der Menschheit dient. Nicht nur, daß bereits in absehbarer Zeit ein Großteil des inkorporierten Ahnenerbes der Menschheit in diesem neuen Menschen vorhanden sein wird, so daß er, als der geborene Weltbürger, besser als wir Heutigen dazu geeignet sein wird, die Erde zu verwalten. Sehr wahrscheinlich wird dieser zukünftige Mensch auch über eine größere Widerstandsfähigkeit gegen die möglichen fatalen Folgen der Klimaerwärmung verfügen, etwa gegen die Folgen der zunehmenden Sonneneinstrahlung, als der heutige weiße Mensch. Falls diese Annahme zutreffen sollte, hätte sich der weiße Mensch, als der hauptsächliche Verursacher der Klimaerwärmung, ironischerweise selbst abgeschafft.

Denkbar auch, daß einer der Gründe für die Dynamik des reaktionären Rollback, den wir seit Jahren in Europa und in den USA erleben, das letzte oder vorletzte Aufbäumen von Leuten ist, die instinktiv fühlen, einer nicht mehr hinreichend angepaßten und daher aussterbenden Art anzugehören.

Wie auch immer, weil die in diesem Abschnitt beschriebene Vision, die ich im folgenden weiter ausführen werde, das Gedeihen des Individuums zum Ziel hat sowie dem Entstehen einer nachpatriarchalen und nachkapitalistischen Kultur verpflichtet ist, ist sie in jedem Fall von hohem Wert.

2

Es lassen sich auch einige gute Gründe dafür anführen, daß diese Vision verwirklicht werden wird. Sobald nämlich das heutige Männerkollektiv erst einmal verinnerlicht haben wird, welch hohen Preis es für die Aufrechterhaltung des patriarchalen Herrschaftssystems gezahlt, welch ungeheure Opfer es auf dem Altar der Macht dargebracht hat und auch weiterhin darbringen müßte, um dieses System am Laufen zu halten, wird es – trotz der ungeheuren Angst des männlichen Ichs vor der Macht des „Urweiblichen" – augenblicklich aus dieser selbstzerstörerischen Dynamik aussteigen und sich um die Befreiung und Entfaltung des „wahren Selbst" kümmern. Und „man halte sich vor Augen" (Nietzsche): wenn es Männern und Frauen gelingt, den Blaubart-Komplex zu neutralisieren und dadurch den Verrat an sich selbst sowie den inneren Krieg gegen sich selbst zu beenden, sich selbst zu verzeihen und sich mit sich selbst zu versöhnen – und das hieße eben gerade auch: mit den eigenen unterdrückten weiblichen Anteilen –, dann stünde auch der Schaffung einer nachpatriarchalen Kultur und Gesellschaft nichts mehr im Weg, – und das ist doch wohl eine süße Verheißung, oder nicht? Ich meine: wer wollte nicht Pionier der (psychischen) Grundlegung einer Kultur sein, wie es in der Menschheitsgeschichte noch keine gegeben hat? –

Denn es kann sich hierbei weder um eine matrifokal-mutterrechtliche Ordnung, noch um eine patriarchale Ordnung, noch auch um die Fortsetzung der modernen Klassengesellschaft handeln, weil die neue Kultur, wenn sie denn Bestand haben soll, auf einem nachpatriarchalen Bewußtseinssystem basieren muß, das sowohl aus Inhalten und Strukturelementen des heutigen Ichbewußtseinssystems als auch aus Inhalten und Strukturelementen des vorpatriarchalen Bewußtseins zusammengesetzt sein wird, etwa aus dem Archetyp der „Wolfsfrau" (vgl. S. 100 ff.).

Weil die Entstehung eines solchen nachpatriarchalen Bewußtseins ganz wesentlich davon abhängt, daß der einzelne im Vorfeld die Integration der verdrängten und abgespaltenen Inhalte ins denkende und fühlende Selbst bewältigt hat, gilt mehr denn je: „(...) Die bewußte Hinwendung zum Unbewußten und die verantwortliche Auseinandersetzung des menschlichen Bewußtseins mit den Mächten des kollektiven Unbewußten ist die Aufgabe der Zukunft. (...)"[53] Oder vielmehr: die Aufgabe der Gegenwart und der Zukunft!

Eine „bewußte Hinwendung zum Unbewußten" wird freilich nur dann Früchte tragen – wenn es denn um mehr gehen soll als um einen kurzfristigen, oberflächlichen, dem Zeitgeist geschuldeten Flirt (an fünf Wochenenden zum Schamanen!) –, wenn auch die Bereitschaft dazu vorhanden ist, die eigenen „Schattenanteile" ins Bewußtsein zu integrieren und die psychische Spaltung dadurch zu mildern.

Darüber hinaus läßt sich beobachten, daß im Zuge der sich in den westlichen Zivilisationen nunmehr bereits rasant vollziehenden kollektiven psychischen Gesellschaftstransformation gerade auch jene Inhalte (und Fähigkeiten) ins Bewußtsein drängen und nach ihrer Integration ins denkende und fühlende Selbst „verlangen", die seit der Etablierung des Patriarchats und des patriarchalen Ichbewußtseinssystems an ihrer Entfaltung gewaltsam gehindert werden. Man soll aber nicht die Dummheit begehen, die matrifokal-mutterrechtliche Welt zu idealisieren und das kollektive Bewußte und kollektive Unbewußte über das heutige Ichbewußtseinssystem zu stellen. Es geht vielmehr darum, die Integration der vorpatriarchalen Archetypen ins moderne Ichbewußtseinssystem anzugehen und die einzelnen Bestandteile nach und nach in Einklang zu bringen, so daß daraus ein erneuertes, noch nicht dagewesenes Ichbewußtseinssystem mitsamt einem neuen Individuationsprinzip hervorgehen möge (es versteht sich von selbst, daß dies eine generationenübergreifende Aufgabe darstellt (vgl. Teil V.2).

Wie man sieht, besteht das übergeordnete Ziel meiner Vision weder in der Erzeugung eines angeblich besseren Neuen Menschen oder „Übermenschen", noch in der Wiederherstellung eines vermeintlich besseren Früh- oder Naturmenschen, sondern in der Freilegung und Bejahung des wirklichen Menschen, wie er sowohl seiner „Wildnatur" als auch seiner „zivilisierten Natur" nach ist.

Wie das zukünftige Ichbewußtseinssystem im einzelnen beschaffen sein wird, steht noch in den Sternen; eines aber ist gewiß: das zukünftige Individuationsprinzip wird nicht mehr die extreme Aufspaltung und feindliche Entgegensetzung (eines Teils) der Anlagen nach sich ziehen, etwa in „männlich und weiblich". Auch wenn wir Heutigen, in einer Phase des Übergangs Lebenden, den Ausgang dieses psychophysischen Transformationsprozesses naturgemäß nicht kennen, zeichnet sich doch jetzt schon unübersehbar ab, daß er sowohl eine neue Konstellation der Geschlechterverhältnisse als auch eine veränderte Ausformung und Dynamik der Geschlechterrollen mit sich bringt.

Die bange Befürchtung von Anhängern des Patriarchats, daß eine solche Entwicklung zwangsläufig zur Auflösung des Geschlechterantagonismus führen werde, besteht zu Unrecht; denn es geht bei dieser Transformation an erster Stelle um die Überwindung der extremen Aufspaltung des Selbst in „männlich und weiblich", nicht aber um die Auflösung des Geschlechterantagonismus, der sich ohnehin durch nichts und niemanden jemals ganz auflösen lassen wird (das Geschlecht des Menschen wird sowohl durch biologische als auch durch soziale Faktoren bestimmt, wobei die sozialen Faktoren immer wichtiger werden, je mehr sich der Mensch in seiner Entwicklung von seinem Instinkterbe entfernt).

Trotz der in Deutschland bis heute vollzogenen Veränderungen hat sich bei vielen noch nicht einmal die simple Einsicht durchgesetzt, daß Mann und Frau, „männlich und weiblich" gleichwertig sind. Eine der Hauptursachen für die sexistisch motivierte Verleugnung der Geschlechterkomplementarität ist die gesellschaftlich nach wie vor anerkannte „Dissoziation von Arbeit und Sinngebung"[54], der zufolge traditionell männerdominierte Tätigkeiten, wie die Durchführung (angeblich) heiliger Rituale durch Priester oder auch die von Finanzmagnaten gesteuerte Kapitalakkumulation, idiotischerweise mehr wert sein sollen, als die durch körperliche Arbeit erfolgende Produktion lebensnotwendiger Güter, wie sie, global gesehen, in der Hauptsache eben immer noch von Frauen und leider auch von Kindern verrichtet wird, und zwar häufig ohne jedes Entgelt oder für ein so geringes Entgelt, daß es kaum der Rede wert ist[55].

Es ist diese von Frauen und Kindern weltweit für Dumpinglöhne verrichtete Arbeit, die schon immer das eigentliche ökonomische Fundament des der arbeitenden Bevölkerung Mehrwert abpressenden Kapitalismus bildet.

IV.2

Bevor ich am Ende des Essays, im fünften Teil, anhand zweier Konzepte darlege, wie die weiter oben vorgestellte Vision verwirklicht werden kann, werde ich zunächst auf einige weitere allgemeine Aspekte zum Themenkomplex „kollektive (psychische) Gesellschaftstransformation" eingehen. Im Zuge dessen werde ich Gesichtspunkte, die mir besonders wichtig erscheinen, ausführlich erläutern. Es sind dies: 1) Eine in psychologischer Hinsicht neue Auffassung darüber, wie die Dynamik der Aufspaltung des kindlichen Selbst im Patriarchat vor sich gegangen ist und auch heute noch vor sich geht. 2) Die Integration des „Urweiblichen", des Archetyps der „Wilden Frau oder der Wolfsfrau" (Clarissa Pinkola Estés), ins fühlende und denkende Selbst samt der damit verbundenen Neutralisierung des Blaubart-Komplexes. 3) Der Umgang mit spirituellen Phänomenen.

Zunächst eine Begriffsklärung. Unter dem Begriff „philosophisch-psychologische Vernunft" verstehe ich die Einsicht in die sich aus der Natur des Menschen ergebende Notwendigkeit, stets die Entwicklung der psychophysischen Ganzheit des Menschen als höchsten Wert der Kultur anzusetzen und daher nach der Verwirklichung von Gemeinschafts- oder Gesellschaftsformen zu streben, in denen Gleichberechtigung herrscht und in denen die Individuen ihre Instinkte, Triebe, Gefühle und Gedanken gleichermaßen entfalten können.

Von entscheidender Bedeutung für das Gelingen der Gesellschaftstransformation, wenn sie denn der philosophisch-psychologischen Vernunft gemäß verlaufen soll, ist ein differenziertes Verständnis der Situation von Frauen und Männern im Patriarchat.

Im Hinblick auf das Frauenkollektiv merkt die Historikerin Gerda Lerner an: „Frauen haben mehr als alle anderen Gruppen an ihrer eigenen Unterordnung mitgewirkt, indem sie das biologisch und kulturell bestimmte System der Geschlechterbeziehungen (sex-gender system) akzeptiert haben. Sie haben die Wertvorstellungen, die ihre Unterordnung bedeuten, so sehr verinnerlicht, daß sie diese freiwillig an ihre Kinder weitergeben. Manche Frauen sind in gewisser Hinsicht von ihren Vätern und Ehemännern ‚unterdrückt' worden, während sie zugleich selbst Macht über andere Frauen und Männer ausübten. Derartig komplexe Zusammenhänge werden verschleiert, wenn der Begriff ‚Unterdrückung' benutzt wird, um die Situation von Frauen als Gruppe zu beschreiben."[56]

Indem sich viele Frauen passiv verhielten und sich auch

noch den größten Arschlöchern bereitwillig andienten – auch Hitler hatte seine Muse –, legitimierten sie das patriarchale Herrschaftssystem und den darin beschlossenen Mißbrauch an Frauen und Kindern (man soll aber nie vergessen, daß im Patriarchat immer auch der Selbstmißbrauch der Männer beschlossen war, etwa, indem sie sich auf ungezählten Schlachtfeldern in Stücke schlugen). Schweigen, Erdulden, Ertragen, – und die Verantwortung abgeben; sich in der von den Männern zugewiesenen Impotenz einrichten und die Männer zugleich in ihrer vermeintlichen Omnipotenz bestätigen: das ist die traurige gesellschaftliche Opferrolle, mit der sich Frauen über viel-zu-viele Generationen identifiziert, in der sie sich eingerichtet haben.

Mit fatalen Konsequenzen für die Kinder. Denn die mit der Opferrolle identifizierte Mutter hat unweigerlich auch ihr Kind dem herrschenden System geopfert, hat viele der natürlichen Bedürfnisse des Kindes systematisch frustriert und für ihre Zwecke, die immer auch gesellschaftliche waren, manipuliert, instrumentalisiert. – Wegen der Aktualität dieser Vorgänge wechsle ich ins Präsens über. – Die einzige psychische Überlebenschance, die dem Kind unter solchen Umständen naturgemäß bleibt, ist die bedingungslose psychische Anpassung an die Bedürfnisse der Mutter: es lernt, Anteile des eigenen Selbst zu verleugnen, zu unterdrücken und schließlich abzuspalten, während es gleichzeitig, unaufhörlich um die Anerkennung der Mutter bemüht, ein „falsches Selbst" ausbildet, das es fortwährend einstudiert und inszeniert und mit dem es sich schließlich identifiziert, – und das in der Regel mit einer der im Patriarchat gängigen klassenspezifischen Geschlechtsrollenidentitäten übereinstimmt.

Ich kann die komplexe Mutter-Kind-Thematik hier unmöglich angemessen behandeln und verweise daher auf das Buch „Der Lilith Komplex. Die dunklen Seiten der Mütterlichkeit", in dem der Psychiater und Psychoanalytiker

Hans-Joachim Maaz die verheerenden psychosozialen Folgen „falscher Mütterlichkeit" eindringlich beschreibt und das Mutter-Kind-Drama anhand vieler Fallbeispiele anschaulich in Szene setzt. Ein Auszug: „(...) Kind und Mutter leben aneinander vorbei. Die Mutter fühlt nicht, was das Kind braucht. Sie ist entweder unsicher und unbeholfen, oder als gebildete Frau holt sie sich Rat in Büchern und Kursen. Sie will oft genug eine gute Mutter sein, sie sucht dafür intellektuelle Lösungen, sie ist vom Kopf her sehr bemüht, aber sie fühlt es nicht, sie reagiert nicht aus dem Bauch und vom Herzen her auf ihr Kind. Sie ist vom eigenen ‚inneren Kind' abgespalten, das selbst ein schwer verletztes oder verlassenes ist. Sie hat ihre eigene traurige Geschichte verdrängen müssen und gerät durch das eigene Kind, durch dessen Bedürftigkeit und Lebendigkeit in Gefahr, an schmerzvolle Einschränkungen und Defizite erinnert zu werden. Was kann tragischer sein, als wenn das eigene Kind zur Bedrohung wird! Bedroht werden die mühevoll errichteten Schutzmechanismen, die kultivierte Abwehr, die der Mutter geholfen haben – meist ihre Rationalität, ihre Intellektualität, ihre Geschäftigkeit, ihre Zwanghaftigkeit, ihre Religiosität und Moralität –, die eigene Mutterverarmung oder Muttervergiftung auszugleichen oder zu regulieren – jetzt aber wird ihr Kind zum entschiedenen Feind dieser Abwehr. Es kommt ein Kampf zwischen Mutter und Kind in Gang – der um Leben und Tod gehen kann –, bis das Kind der Unlebendigkeit seiner Mutter geopfert ist, oder die Mutter kommt in eine existentielle Krise (...)"[57]

Sicherlich hat sich auf dem Gebiet der (frühkindlichen) Erziehung in den vergangenen 100 Jahren vieles getan und einiges geändert, existiert heute ein größeres kritisches Bewußtsein über den Zusammenhang von Kindeserziehung und Traumatisierung des Kindes, als noch zu Beginn des

20. Jahrhunderts. Doch was hilft's, wenn man sein Wissen im Alltag nicht praktisch anwenden kann, weil die eigenen Kindheitstraumata noch nicht aufgearbeitet sind? Und man von diesen, spätestens sobald das eigene Kind das Licht der Welt erblickt, wie von dämonischen Kräften heimgesucht und umgetrieben wird? –

Das Grundprinzip patriarchaler Erziehung, wie es auch in der hypermodernen Klassengesellschaft noch zur Anwendung kommt, sieht vor, daß die Mutter, als erste und wichtigste Bezugsperson, den Boden vorbereitet, auf dem der Vater und die Männergesellschaft die Dressur des Kindes später fortsetzen und vollenden. Durch die Negativerfahrung mit der Mutter – einer mit der weiblichen Opferrolle, der eigenen Ohnmacht und Wertlosigkeit, identifizierten Frau – wurden Generationen von Jungen und Mädchen zur schmerzhaften Einsicht verurteilt, daß man Frauen nicht vertrauen kann, vertrauen darf, daß sie keine Geborgenheit und keinen Halt vermitteln können und daß sie unzuverlässig und falsch, abwesend und schwach sind. Bei Mädchen und jungen Frauen stellten sich infolgedessen Selbsthaß, Selbstzweifel und Selbstverachtung ein, bei Jungen und jungen Männern Frauenhaß und Frauenverachtung, häufig auch Wut- und Haßgefühle auf alles Weibliche.

Während man die Mädchen in diesem „Opfermodus" beließ und ihr negatives Selbstempfinden nach Kräften schürte, wurden Jungen und junge Männer auf psychischer Ebene in einem zweiten Lernschritt in den „Täter- bzw. Herrenmodus" übergeführt, indem man ihnen suggerierte, daß das männliche Ichbewußtsein dem weiblichen in geistiger Hinsicht naturgemäß haushoch überlegen sei. Infolgedessen erhoben sich die jungen Männer (für gewöhnlich) über das Frauenkollektiv und bildeten ein Ichbewußtsein aus, das sie jenseits der als weiblich eingestuften und vom Männerkollektiv verachteten Emotionalität und Spiritualität im

Zeichen des Geistes bzw. der Ratio verorteten. Individualität hat im Patriarchat mithin nur in Form festgeschriebener Geschlechtsrollenidentitäten existiert, in die Jungen und Mädchen durch geeignete Methoden der Dressur hineingezwungen wurden.

Einmal mehr wird die Schlüsselfunktion des Über-Ichs für die Durchsetzung des Patriarchats und des patriarchalen Ichbewußtseins deutlich. Ohne das Über-Ich – das von alters her den als männlich gedachten Himmel symbolisiert, den Sitz der männlichen Götter = der höchsten Werte – hätte sich das rational betonte, emotionsfeindliche patriarchale Ichbewußtsein in der Psyche gar nicht dauerhaft festsetzen können. Ohne das Über-Ich ist das patriarchale Ichbewußtsein nichts, weshalb Nietzsche und andere nach dem Verlust Gottes unverzüglich ein neues Über-Ich zu etablieren versuchten, indem sie einen patriarchal konzipierten „Übermenschen" oder Neuen Menschen als neuen Sinn und Zweck des Lebens ansetzten und als höchstes Ideal verabsolutierten.

2

Ich komme auf das Thema „Kindesmißbrauch im Namen der Erziehung" nochmals zu sprechen, weil ich meine bisherigen Ausführungen ergänzen will. Ich gehe nunmehr davon aus, daß Mädchen und Jungen innerhalb der (patriarchal-)bürgerlichen Kleinfamilie stets einer doppelten Spaltung des Selbst unterzogen werden, oder vielmehr: zu einer solchen durch die Nicht- oder Überbefriedigung basaler Grundbedürfnisse gezwungen werden. Um der Aufrechterhaltung der Anerkennung und des Wohlwollens der Eltern willen, spaltet das Kind das Selbst entlang der von ihm introjizierten Elternimagines in einen idealisierten Persönlichkeitsanteil – das Über-Ich – und in einen unerwünschten Anteil – das Es – auf, also einmal entlang der

Mutter- und einmal entlang der Vaterimago, – und bildet so die Grundstruktur des patriarchalen Ichbewußtseinssystems in sich aus.

Schon die innerhalb der patriarchalen Kleinfamilie herrschende, vom Machtgefälle und Geschlechterkampf zwischen Hausherr und Hausfrau geprägte Atmosphäre, in die das Kind als „physiologische Frühgeburt" (A. Portmann) mit seinem „magischen Bewußtsein" hineingeboren wird, muß sich dramatisch auf das Kind auswirken, von ihm als hochgradig verwirrend und unheimlich wahrgenommen werden. Daher ist es auch nur folgerichtig, wenn im Kind schon bald jener biologische Überlebensmechanismus aktiviert wird, der die Aufgabe übernimmt, einen noch schwach entwickelten Ich-Kern in traumatischen Situationen durch Abspaltungen alternativer Persönlichkeitsanteile vor negativer Beeinträchtigung zu schützen.

Die erste dauerhafte Aufspaltung des kindlichen Selbst erfolgt für gewöhnlich im Zuge der engen Mutter-Kind-Bindung, und zwar in einer von Hans-Joachim Maaz als „Lilith-Komplex" bezeichneten Spaltungsdynamik. In genauer Entsprechung zum Mutterintrojekt spaltet das Kind – von einem vom kindlichen Gemüt nicht zu bewältigenden Affektbündel aus Angst, Wut und Schuld überwältigt – das eigene Selbst in zwei erste, noch ganz instinktiv-emotional respektive energetisch-bildhaft geprägte Ausformungen eines Über-Ich und Es auf. Obwohl Jungen und Mädchen prinzipiell anders erzogen werden – Mädchen eher dazu, Aggressionen zu unterdrücken und ihr Einfühlungsvermögen zu entwickeln, Jungen in genau umgekehrter Richtung –, speist sich ihre Urangst doch aus der gleichen Quelle: aus der Unterversorgung mit „positiv geladenen" = lebensbejahenden Gefühlen, welche die im „Opfermodus" befindliche, mit dem eigenen Ohnmachtsempfinden identifizierte Mutter aus sich heraus nicht oder nur sehr eingeschränkt hervorbringen kann.

So mit ihren in vielfacher Weise verwirrenden Wahrnehmungen und Gefühlen allein gelassen, sehen sich Jungen und Mädchen schließlich auch dazu verurteilt, dem abgespaltenen und hochgradig angstauslösenden Persönlichkeitsteil der Mutter, dem „Lilith"- oder „böse Hexe"-Teil, den sich die Kinder in Form des Mutterintrojekts einverleibt haben, ohne emotionale und geistige Unterstützung der Mutter zu begegnen (man erinnert sich: der abgespaltene Teil der Mutter ist zugleich eine Bildform der Großen Mutter in ihrer furchtbaren Gestalt). Daraus resultiert die Wut auf die Mutter, nicht selten eine mörderische Wut, deren Verdrängung oder Abspaltung notwendig erfolgt, um das psychische Überleben des Kindes zu sichern. Wie man sieht, wird im Zuge dieses Spaltungsgeschehens das Urmißtrauen gegenüber dem Weiblichen und allem Instinktiv-Emotionalen ins werdende Ich eingepflanzt.

Im Hinblick auf die Psyche von Mädchen und Frauen bezeichnet der Lilith-Komplex das psychische Resultat der Spaltung des Selbst ins Über-Ich, den moralisch als gut klassifizierten Persönlichkeitsanteil, den „Maria"-Anteil – also in jenen Anteil, der all die Gebote und Verhaltensimperative umfaßt, denen sich Mädchen und Frauen unterwerfen sollen –, mit dem sich das Ichbewußtsein der Mädchen und Frauen in der Regel identifiziert; und ins Es, den moralisch als schlecht und böse klassifizierten Persönlichkeitsanteil, den „Lilith"-Anteil, der in der Regel verdrängt oder sogar abgespalten, jedenfalls ins Unbewußte abgeschoben wird.

Dieses Spaltungsgeschehen wird durch eine zweite, sich entlang des Vaterintrojekts vollziehende Spaltungsdynamik ergänzt und vertieft: durch die Aufspaltung des Selbst in einen positiv besetzten Teil, den „guten Vater", und in einen negativ besetzten, den Blaubart-Teil. Das Verhängnisvolle an dieser Dynamik ist, daß der „Lilith-Komplex" von diesem zweiten Spaltungsgeschehen in der Regel überlagert und dem Bewußtsein der Frauen dadurch entzogen wird. Der „Blaubart-Komplex" ist mit dem Über-Ich energetisch verknüpft und sorgt dafür, daß die einmal unterdrückten weiblichen Anteile auch unterdrückt bleiben: zum einen, indem der Glaubenssatz im Über-Ich verankert wird, daß das Männliche mehr wert sei als das Weibliche; zum anderen, indem der mit antiweiblichen Wut- und Haßgefühlen aufgeladene und untergründig agierende Blaubart-Teil die weiblichen Urinstinkte fortwährend an einer Entfaltung hindert. Derart getäuscht und vom angstauslösenden Blaubart-Anteil dauernd bedroht, kommen die Frauen häufig gar nicht auf die Idee, daß ihr Selbst auch entlang des Mutterintrojekts aufgespalten wurde.

In der Psyche der Jungen vollzieht sich ein ähnlicher, und doch von der bei Mädchen vollzogenen Aufspaltung des Selbst verschiedener Prozeß. In einem ersten Schritt wird das Selbst am Vorbild des Mutterintrojekts ebenfalls ins Über-Ich, den moralisch als gut klassifizierten Persönlichkeitsanteil, aufgespalten – in die „gute Mutter", aus der später die Anima-Figur herausgelöst wird, sofern das männliche Ich dies bewerkstelligt –, und in einen als böse klassifizierten Anteil, in das Es, den Lilith-Anteil. Dieser „böse Hexe"-Teil wird als derart bedrohlich erlebt, daß in der männlichen Psyche schon bald ein, ebenfalls am Vorbild des Mutterintrojekts gewonnener, rein instinktiv-affektiv geprägter Blaubart-Teil entsteht, der den Kampf gegen das Weibliche in seiner furchtbaren Gestalt aufnimmt.

Der entscheidende Unterschied zum Spaltungsgeschehen in der Psyche der Mädchen besteht zum einen darin, daß sich das männliche Ich mit dem abgründigen Blaubart-Komplex im Verlauf der Persönlichkeitsentwicklung instinktiv-affektiv verbündet; zum anderen darin, daß sich das männliche Ich über das Weibliche und über das

Frauenkollektiv erhebt. Beides wird freilich nur durch die zweite Spaltungsdynamik möglich, die sich am Vorbild des Vaterintrojekts ausrichtet: indem sich das männliche Ichbewußtsein im Zuge dessen mit den Inhalten des patriarchalen Über-Ichs identifiziert, die grundsätzlich die Höherwertigkeit des Männlichen über das Weibliche postulieren und verabsolutieren, kann es nicht nur das Destruktive des Blaubart-Anteils als heldisch, mutig und tugendhaft verklären, sondern sich auch über das Weibliche dauerhaft erheben. Von nun an werden alle Gefühle und Regungen, die das patriarchale Ichbewußtseinssystem aufweichen könnten, etwa Liebe zu Frauen oder auch Angst und Trauer, vom Blaubart-Komplex unterdrückt und zerschlagen.

Es bleibt festzuhalten, daß im Zuge der Aufspaltung des kindlichen Selbst entlang des Mutterintrojekts eine erste energetisch-bildhafte Ausformung des herrschenden Ichbewußtseinssystems entsteht, die durch die zweite, am Vorbild des Vaterintrojekts vollzogene Aufspaltung, plastisch-inhaltlich vertieft und erweitert wird. Weil viele der basalen kindlichen Grundbedürfnisse im Patriarchat und in der modernen Klassengesellschaft moralbedingt nicht befriedigt werden (sollen), wendet sich das Kind von den zuerst idealisierten Eltern schließlich enttäuscht ab und identifiziert sich mit dem, was jenseits des „Allzumenschlichen" – der vom Kind als chaotisch und schwach, unzuverlässig und bedrohlich erlebten Menschennatur – übrigbleibt: mit den Inhalten des Über-Ich.

Die beiden Schlüsselkomplexe der geschlechtsspezifischen Aufspaltung des Selbst im Patriarchat und in der modernen Klassengesellschaft sind der Lilith- und der Blaubart-Komplex, wobei der erste vom zweiten häufig überlagert wird und deshalb erst im Zuge der Auflösung des patriarchalen Ichbewußtseinssystems in der Spätmoderne sichtbar wurde. Der Lilith- und der Blaubart-Komplex greifen ineinander, ergänzen und bedingen sich. Neben diesen existieren noch andere, für die Strukturierung der Psyche im Patriarchat weniger wichtige Komplexe. Eine ödipale Konstellation etwa kann sich darüber hinaus ergeben, wenn in der Familie sexueller Kindesmißbrauch stattfindet, oder wenn sich ein Familienmitglied während der Pubertät zu einem Geschwister- oder Elternteil sexuell hingezogen fühlt und wegen des Inzesttabus von Schuldgefühlen überschwemmt wird.

Im großen ganzen gesehen wiederholt sich mit der „Fortzeugung" des patriarchalen Ichbewußtseinssystems in der bürgerlichen Kleinfamilie auf individualpsychischer Ebene das gleiche innerpsychische Drama, das sich im Neolithikum im Zuge der Ichbewußtseinsentwicklung auf kollektivpsychischer Ebene vollzog (vgl. meine Ausführungen auf S. 62 ff.).

3

Heute, nach der Auflösung vieler der einst gesellschaftlich etablierten patriarchalen Traditionen, Konventionen und Archetypen, durch die das gesellschaftliche Mit- und Gegeneinander in der Vormoderne organisiert wurde, hat sich freilich einiges geändert. Während sich in Europa ein Großteil der Frauen emanzipierte und seit den 70ern eine größere Autonomie erlangen konnte als jemals zuvor in der europäischen Geschichte, blieben und bleiben viele Männer in der modernen Klassengesellschaft mutterfixiert und somit in innerer Unfreiheit gefangen, weil die Väter und älteren Männer als Erzieher und Vorbilder so gut wie ganz ausgefallen sind, und weil sich ein nachpatriarchales männliches Selbstverständnis und Selbstbewußtsein noch nicht entwickelt hat.

Während also der Blaubart-Komplex, vor allem auch wegen der angstauslösenden Mutterfixierung, im Unbewußten vieler Männer weiterhin gedeiht, um nicht zu sagen wuchert, bleibt die Ausbildung eines positiv besetzten männlichen Ichs häufig aus, zumal sich viele Männer mit dem (eigenen) Weiblichen und „Urweiblichen" noch nicht versöhnt haben. Dadurch bleiben sie dem Geschlechterkrieg innerlich nicht nur verhaftet, sondern erleben ihn zudem in einer gesteigerten Form, weil sie sich den emanzipierten und kämpferischen Frauen durch ihre Ichschwäche unterlegen, dem Weiblichen durch ihre Mutterfixierung ausgeliefert fühlen.

Diese Entwicklung bleibt natürlich gerade auch in Bezug auf die (gesellschaftliche) Wahrnehmung der Väter nicht ohne Folgen. „Während der Vater einerseits immer geschwächter, mutloser und wertloser wirkt, erscheint er andererseits wie das Werkzeug dunkler Mächte. Erinnern wir uns, daß in dem Film Star Wars das Bild von ‚Darth Vader‘ vorgestellt wird, ein Wortspiel mit dem englischen ‚Dark Father‘, der dunkle Vater. Er steht rückhaltlos auf der Seite der dunklen Mächte. Wenn die gesellschaftlichen und mythologischen Könige sterben, verliert der Vater den Glanz, den er einst von der Sonne erhielt oder von der Hierarchie der Sonnenwesen; er erscheint der Gesellschaft wie verdunkelt."[58]

Zu dieser „Verdunkelung" trägt aber auch das moderne Frauenkollektiv bei, wenn es auf die Dämonisierung des Männlichen und der Männer, trotz des bereits vollzogenen Wandels der Geschlechterverhältnisse, nicht verzichten will, weil es bequemer ist, die eigenen „Schattenanteile" auch weiterhin auf die „bösen Männer" und „männlichen Täter" zu projizieren, statt diese Anteile als das Eigene anzunehmen und sich ihnen zu stellen. „Es scheint, als seien viele Frauen sehr scharfsinnig, was die negative Seite des heiligen Königs anbelangt", bemerkt Robert Bly, „doch naiv im Hinblick auf die negative Seite der großen Mutter"[59].

Es scheint nicht nur so. Die Wahrheit ist, daß Jungen und Männer von Frauen nach wie vor als Negativprojektionsflächen für die eigenen psychischen Schattenanteile mißbraucht werden. Eine wahrhaft abgründige Dynamik, die, weil sie beiden Seiten häufig nicht bewußt ist, verheerende Auswirkungen auf die männliche und weibliche Psyche nimmt. Bei Frauen blockiert sie den inneren Reifungs- und Entwicklungsprozeß, verhindert, daß sie die volle Verantwortung für ihre psychische Disposition übernehmen, während sie Männer zuverlässig in die Selbstdämonisierung treibt und dafür sorgt, daß sie sich auch weiterhin wie „böse Täter" fühlen. Und weshalb projizieren Mädchen und Frauen die eigenen „Schattenanteile" auf Jungen und Männer? Es ermöglicht ihnen, die eigenen psychischen Defizite vor sich und anderen auch weiterhin dauerhaft verleugnen und sich als „die besseren Menschen" inszenieren zu können.

Wie man es auch dreht und wendet, ohne eine Versöhnung der Geschlechter kann und wird eine der philosophisch-psychologischen Vernunft gemäße Gesellschaftstransformation nicht gelingen. Ihr Gelingen setzt folglich die Entscheidung des modernen Frauen- und Männerkollektivs voraus, eine Aussöhnung der Geschlechter nicht nur zu bejahen, sondern auch anzugehen. Zunächst einmal bedeutet es, sich mit den eigenen weiblichen Anteilen auszusöhnen. Ein langer und steiniger Weg, kein Zweifel, doch am Ende winkt eine große Belohnung. Wem es gelingt, die unliebsamen und in der Regel gewaltsam unterdrückten Anteile anzunehmen und ins Selbstbewußtsein zu integrieren, wird eine erhebliche Steigerung der Lebensqualität, des inneren Reichtums an Leben, erfahren.

Was bedeutet es denn für einen Mann, das Weibliche im allgemeinen und Frauen im besonderen zu verachten? Sie herabzuwürdigen und sich über sie zu stellen? Zieht es nicht immer auch Selbstverachtung nach sich? Selbstekel? Oder anders gesagt: läuft die Verachtung der Frau nicht immer auch auf Selbstverachtung hinaus? Der oft unbewußte Ekel der Männer vor dem eigenen Begehren, der eigenen Sexualität, vor Lust und Wollust; und der damit verknüpfte Zwang, Frauen zu Objekten zu degradieren, – bedeutet es nicht, sich als Mann im Innersten zu beschmutzen?

Und umgekehrt: die heimliche, untergründige Rachenahme der Frauen an den Männern, etwa durch Liebesentzug oder durch die Manipulation des männlichen Geschlechtstriebs. Oder auch die Selbstverleugnung der Frau durch die Adaption männlicher Verhaltensmuster und die daraus resultierende Unterdrückung ihres „wahren Selbst", kurz: das moderne Martyrium der Frau!, – was soll, was kann daraus entstehen? In der Summe doch nur die Vermehrung des Leids, des Leids des Menschen an sich selbst und am Leben. Weshalb es unabdingbar ist, die unterdrückten weiblichen Anteile zu integrieren und letztlich eine Aussöhnung der Geschlechter herbeizuführen.

4

Doch wie den Blaubart-Komplex neutralisieren, der zur Unterdrückung und Zerschlagung des (Ur-)Weiblichen geschaffen wurde? Wie die Voraussetzungen dafür schaffen, die als weiblich eingestuften und daher zumeist unterdrückten oder abgespaltenen Anteile des Selbst – die zum Teil dem persönlichen, zum Teil dem kollektiven Unbewußten angehören – trotz der psychischen Abwehrmechanismen des herrschenden Ichbewußtseinssystems integrieren zu können?

Eines gleich vorweg: es gibt kein Pauschalrezept für den „Ausstieg" aus dem patriarchalen Ichbewußtseinssystem! Vielmehr muß jeder, der individuellen Ausstattung, Bedürftigkeit und Zielsetzung gemäß, unter Zuhilfenahme psychologisch fundierter Transformationsmethoden einen eigenen Weg finden, um sich von den Ketten des inneren Kontrollsystems zu befreien. Alles hängt vom Schweregrad der psychischen Spaltung ab. Häufig kann das übergeordnete Ziel einer Milderung der Spaltung nur durch die Anwendung verschiedener Methoden erreicht werden, etwa durch Meditation, Körperpsychotherapie und Traumatherapie.

Eines aber scheint mir unabdingbar, um das patriarchale Ichbewußtseinssystem erfolgreich überwinden oder wenigstens modifizieren zu können: daß der Prozeß der psychischen Transformation am Leitfaden der Integration des archetypisch Weiblichen ausgerichtet wird. Denn ohne eine feste innere Verbindung mit dem Weiblichen und „Urweiblichen" sieht sich das verunsicherte Ich vor eine fast unlösbare Aufgabe gestellt, wenn es darum geht, dem Blaubart-Komplex, diesem abgründigsten dynamischen Strukturelement der patriarchalen Moral, dauerhaft den Boden zu entziehen (denn psychologisch gesehen ist der Blaubart-Komplex eben genau das: das psychische Strukturelement, mit dem die Verfechter des Patriarchats und der Herrenmoral die Vorherrschaft des patriarchalen Ichbewußtseins in der Individual- und Kollektivpsyche seit jeher durchsetzen und sichern).

Gerade auch für Männer ist eine gesunde, gute Verbindung mit dem eigenen archetypisch Weiblichen unerläßlich! Denn solange das Männerkollektiv aus Angst, sich in der archetypisch weiblich geprägten Emotionalität zu verfangen, auch weiterhin viele der eigenen Gefühle unterdrückt und in die Ratio flieht, feiert der Blaubart-Komplex naturgemäß Triumphe. Erst wenn das Männerkollektiv Gefühle wie Angst, Freude und Liebe nicht mehr unterdrücken und das von Frauen aus Instinkten, Empfindungen, Gefühlen und Stimmungen unsichtbar gesponnene Netz der nonverbalen Kommunikation nicht mehr zerreißen muß, um sich sicher zu fühlen, kann es den Blaubart-Komplex dauerhaft entmachten.

Daher stellt die Versöhnung mit dem „Urweiblichen" für Männer die Voraussetzung dafür dar, aus dem steinalten moralbedingten Geschlechterkrieg aussteigen und sich mit dem Frauenkollektiv aussöhnen zu können. Genauso, wie es für Frauen darum ging und geht, sich im traditionell eher männlich geprägten Rational-Geistigen einzurichten, diesen Bereich für sich zu erobern und in sich zu entwickeln, geht es für Männer nunmehr darum, sich im Bereich der archetypisch eher weiblich geprägten Emotionalität einzurichten und diesen in sich zu entwickeln, ihn zu ihrer geistigen Heimat zu machen und auch Gefühle wie Liebe, Trauer, Zärtlichkeit und Angst in das Netz gelebter männlicher Emotionalität zu integrieren.

Damit es gelingen kann, müssen sich die Männer mit einer archetypisch weiblichen Kraft verbinden und verbünden - etwa durch Meditation oder auch durch Imaginationsverfahren, wie sie in der Traumatherapie zur Anwendung kommen -, die nicht nur stark genug ist, den hochgradig angsteinflößenden Angriffen, Täuschungsmanövern und Abwehrmaßnahmen des archetypischen männlichen Verräters standzuhalten und das verängstigte Ich im Verlauf dieser psychischen Umwandlung zuverlässig zu beschützen; sondern die auch dazu in der Lage ist, den Blaubart-Komplex Schritt für Schritt zu entmachten und ihn in Schach zu halten, wenn es darum geht, diesen schließlich zu neutralisieren, also in seine Bestandteile zu zerlegen und a) die ins Es abgeschobenen (weiblichen) Anteile vom Einfluß dieses Negativkomplexes zu befreien und ins fühlende Selbst zu integrieren; b) das männliche Täterintrojekt aus diesem Komplex herauszulösen und vom eigenen Empfinden dauerhaft zu trennen (es kann sich auch um das Täterintrojekt einer Gruppe oder um mehrere Täterintrojekte handeln); und c) den im kollektiven Unbewußten wurzelnden Bestandteil, die archetypische Widersacherfigur, ins Bewußtsein zu integrieren und die Kontrolle über diese zu erlangen, so daß die sich in ihr ballende Destruktionsenergie konstruktiv genutzt werden kann, etwa zur Verwirklichung von Kunstwerken.

Mit ist nur eine archetypisch weibliche Kraft oder vielmehr Urkraft bekannt, die diesen schwierigen und angstbesetzten Transformationsprozeß begleiten und sichern kann: der Archetyp der Wilden Frau oder „Wolfsfrau", wie er von der Tiefenpsychologin Clarissa Pinkola Estés im Buch „Die Wolfsfrau" in allen Farben ausgemalt wird. Ein Auszug: „Der Gesamtkomplex des Archetypus von der Wilden Frau kann selbstverständlich auch mit anderen, ebenso zutreffenden Begriffen umschrieben werden. Man kann ‚Instinktnatur' oder ‚Naturseele' dazu sagen. (…) In unterschiedlichen psychologischen Schulen würde man vielleicht Id, Selbst, oder mediale Anlage dazu sagen. In der Biologie wäre von der ‚typischen Grundnatur' die Rede. Aber da sie unterschwellig existiert und vorausahnend und vom Bauch her intelligent ist, wird sie von den cantadoras, den Geschichtenerzählern dieser Welt, die Große Weise, die Wissende, die Urfrau genannt. Und immer ist sie lebenspendende Schöpferin und hexenhafte Zerstörerin in einem; (…)"[60]

Und an anderer Stelle: „In der spanischen Sprache gibt es einen wunderschönen Namen für die Wilde Frau: Rio abajo Rio, Fluß unter dem Fluß; auch wird sie Luz del abyss genannt, das Licht des Abgrunds, und La Loba, die Wolfsfrau; in Tibet eine Dakini, eine tanzende, hellsichtige Urkraft in weiblicher Gestalt. In Ungarn wird sie Ö, Erdöben genannt, Die vom Wald, und Roszomák, die Wölfin. Für die Navajos ist sie die ‚Spinnenfrau', die das Schicksal aller Geschöpfe aus ihren vielfarbigen Fäden webt. Die Japaner nennen sie Amaterasu Omikami, die Namenlose, aus der das universelle Licht und Bewußtsein hervorgehen … Es gibt zahllose Namen für die zahllosen Facetten der Wilden Frau."[61]

Meiner Erfahrung nach unterscheidet sich der Archetyp der Wilden Frau oder Wolfsfrau in einem wesentlichen Punkt von jenem der Großen Mutter und Muttergöttin. Während letztere von anthropomorpher Erscheinung und mit dem Haß vieler Generationen von Frauen auf Männer und aufs Männliche aufgeladen sind, erscheint der Archetyp der Wolfsfrau zunächst einmal als Wölfin und ist frei von einer derartigen negativen „Ladung", weshalb sich auch Männer mit ihm verbinden können.

Zur Beruhigung des bei Fassungslosigkeit zur Hysterie neigenden Männerkollektivs (sic) sei außerdem angemerkt, daß die Verbindung mit der Wolfsfrau im Hinblick auf den gesamten psychischen Transformationsprozeß zwar eine grundlegende, aber letztlich doch nur eine von vielen Entwicklungsstufen darstellt. Wenn das Bemühen des Initianden von Herzen kommt, werden im Lauf der Zeit noch viele andere Archetypen erscheinen, je nach individuellem psychischem Entwicklungsstand auch der „Wilde Mann, der Schlangenvater und der Hirschvater" (die Initiationen und Initiationsstufen im einzelnen darzustellen, erforderte die Niederschrift eines weiteren Kapitels oder Buchs).

„Moment mal!" mag der eine oder andere da empört ausrufen, „die innere Verbindung mit der Wilden Frau mag für Frauen gut und schön und richtig sein, aber für Männer?" Ja, auch für Männer. Noch mal: das archetypisch Weibliche und Männliche existiert geschlechtsunabhängig, gehört als psychische Qualität beiden Geschlechtern an. Und die Neutralisierung des Blaubart-Komplexes, der im christlich geprägten Kulturkreis faktisch zu etwas rein Bösem, Infamen, Haßerfüllten, Sadistischen, Satanisch-Dämonischen weiterentwickelt wurde, kann ohne die willentliche innere Verbindung mit dem archetypisch „Urweiblichen", dem Archetyp der Wolfsfrau, nur schwer gelingen.

Es mag Fälle geben, wo es geraten ist, einen anderen
Weg der Befreiung zu gehen (es mag z.B. vorkommen, daß
ein Mann, der von der Mutter als Junge sexuell mißbraucht
wurde, sich fürs erste ausschließlich mit dem Archetyp des
„Wilden Manns" verbinden kann); angesichts der ungeheuerlichen Manipulationen aber, denen die Psyche von Jungen
und Männern, Mädchen und Frauen im Patriarchat und
bestimmter noch in der modernen Klassengesellschaft seit
jeher ausgesetzt ist, führt meines Wissens kein Weg daran vorbei, mit dem Archetyp der Wolfsfrau ein Bündnis zu
schließen. Schließlich verkörpert dieser Archetyp den genauen Gegenpol des patriarchalen Wertesystems, steht für
all das, was von der patriarchalen Gesellschaft und vom patriarchalen Ichbewußtseinssystem seit jeher mit allen Mitteln bekämpft und unterdrückt, abgewertet und tabuisiert
wird. Es ist daher nur folgerichtig, sich, auch als Mann, mit
dem Archetyp der Wolfsfrau zu verbinden, wenn man den
Blaubart-Komplex wirklich neutralisieren, das patriarchale Werte- und Ichbewußtseinssystem erfolgreich modifizieren und in sich das Fundament für die Entstehung eines
nachpatriarchalen Ich-Selbst-Bewußtseins legen will.

Und ein zweites noch, was meiner Erfahrung nach unbedingt beachtet werden muß: es gibt hierbei kein Wenn und
Aber, keinen wie auch immer gearteten Kompromiß. Man
muß sich entscheiden, aus ganzem Herzen entscheiden: für
oder gegen den Blaubart-Komplex! Und sobald man sich dafür entschieden hat, den Blaubart-Komplex zu neutralisieren und das herrschende Ichbewußtseinssystem zu modifizieren, muß man den Beweis dafür antreten, der eben genau
darin besteht: sich mit dem Archetyp der Wolfsfrau zu verbinden, zu verbünden, sich mit ihm instinktiv-emotional-
geistig zu identifizieren und dadurch – den archetypischen
Verräter am Weiblichen ans Weibliche zu verraten! Dauerhaft und willentlich. Denn erst durch den selbstbewußten

Verrat am männlichen Verräter wird das Bündnis mit dem Urweiblichen wirklich besiegelt!

Aber das geht euch Männern gründlich gegen den Strich? Macht euch ungehalten? Ärgerlich? Wütend? Gut so, das muß so sein, erfolgt notwendig und gehört bereits zum ersten Teil der Einweihung. Nur, wer sich trotz aller inneren Widerstände schließlich zu einem klaren „Nein" in Bezug auf den Blaubart-Komplex durchringt und sich zugleich ohne Wenn und Aber auf die Seite des archetypisch Urweiblichen schlägt, sich mit dem Archetyp der Wolfsfrau gegen den männlichen Verräter verbündet, nur dem wird auch die Überwindung des Verräters und der Ausbruch aus dem Kreislauf der männlichen, ach, all-zumännlichen (Selbst-)Destruktion gelingen.

„Moment mal!" mag der eine oder andere wiederum ausrufen, „wäre es nicht naheliegender, wenn sich Männer zum Zweck ihrer inneren Befreiung mit dem Archetyp des Wilden Manns oder einem anderen vorpatriarchalen männlichen Archetyp verbündeten?"

Kein Zweifel, es ist schon viel erreicht, wenn sich einer der heutigen Männer mit dem Archetyp des Wilden Manns verbündet hat, mit diesem eine innere Beziehung hergestellt hat. Doch kann der Archetyp des Wilden Manns, der auch eine archaische und urgewaltige, im kollektiven Unbewußten respektive im kollektiven Bewußten verortete Naturmacht verkörpert, den Archetyp der Wilden Frau nicht ersetzen. Letzterer ist schließlich noch beträchtlich älter, urwüchsiger, weniger individualisiert; ist mit der Natur nicht nur tief verbunden, sondern eins: die genaue instinktiv-psychisch-energetische Entsprechung der „Leben/Tod/Leben-Natur" (C. P. Estés) im Menschen.

Im Unterschied zu allen vorpatriarchalen männlichen Archetypen – zu denen etwa der Wilde Mann gehört, oder auch der Hirschvater und der Schlangenvater –, die meiner

Erfahrung nach stets ohne Anbindung an eine Gruppe als einzelne erscheinen, gehört die Wolfsfrau einem sozialen Umfeld an, dem Wolfsrudel, das sie anführt. Und das ist eben, wenn es um die Neutralisierung des Blaubart-Komplexes geht, das entscheidende Kriterium. Zum einen, weil das „Wolfsrudel" – eine Bildform des feinstofflichen Immunsystems der Psyche – den männlichen Verräter grundsätzlich als Todfeind wahrnimmt und ihn daher zuverlässig angreift und verfolgt; zum anderen, weil die kindlichen Anteile des Selbst – Stichwort „innere Kinder" -, die meist auf die eine oder andere Art traumatisiert wurden, sowohl die Anbindung ans Weibliche wie auch die Einbindung in ein soziales Umfeld brauchen: nicht nur, um sich sicher und geborgen zu fühlen, sondern auch, um die psychischen Verletzungen ausheilen und den Prozeß der Neutralisierung des zerstörerischen Blaubart-Komplexes überhaupt durchstehen zu können. Dies gilt um so mehr für Erwachsene, die von ihren Vätern oder von anderen Männern als Kinder sexuell mißbraucht oder anderweitig schwer mißhandelt worden sind, und erst recht für die Opfer ritueller Gewalt und folterbasierter Bewußtseinskontrolle, die innere Helfer von anthropomorpher Gestalt in der Regel erst einmal nicht ertragen können.

Und wieder mag einer nachhaken: „schön und gut, nur: wie soll das vor sich gehen, wo sich doch Männer vom Urweiblichen seit jeher bedroht fühlen?"

Angesichts der großen Angst des männlichen Ichs vor dem „Urweiblichen" mag es paradox erscheinen, als Mann mit diesem ein Bündnis einzugehen. Tatsächlich funktioniert es aber, weil die „Wolfsfrau" und das „Wolfsrudel", zumindest meiner Erfahrung nach, von einer rein wohlwollenden und heilsamen Kraft beseelt sind, von bedingungsloser Liebe, die so stark ist, daß sich das männliche Ich mit diesen innerpsychischen Erscheinungen von „hoher energetischer

Ladung" trotz aller Zweifel und Ängste verbinden und dadurch nicht nur dem Blaubart-Teil, sondern auch dem „böse-Hexe-Teil" dauerhaft widerstehen kann, ohne sich (erneut) aufspalten zu müssen. Dies wird dadurch ermöglicht, daß in einer stark verletzten Psyche, etwa in einer durch Dressur dissoziierten, immer auch Kräfte der Heilung freigesetzt werden, mit denen sich das Ich, falls es bereit dazu ist, verbinden und verbünden kann, um die Heilung der psychischen Verletzungen anzugehen.

Daß dem so ist, kann ich hier nur versichern. Es geht ja hier weniger um die Darlegung einer Theorie, als vielmehr um das Aufzeigen einer psychologischen Praxis! Um das Aufzeigen wirklichen Erlebens im Vollzug psychischer Transformationsprozesse! Wie soll man den Theoretikern des Lebens, die alles Leben nur dann als wirklich gelten lassen, wenn es in bestimmter Weise in wissenschaftliche Termini gekleidet wurde, eine psychologische Praxis erklären, die mit wissenschaftlich nur bedingt erfaß- und beschreibbaren Phänomenen und Kräften zu tun hat? Dennoch habe ich mir die Mühe gemacht, das hier Ausgeführte auch theoretisch zu beleuchten, nämlich unter IV.3 und unter V.2.

Doch weiter im Text. Jenen, denen wirklich daran gelegen ist, die psychische Spaltung zu mildern oder sogar zu überwinden, steht nicht nur die Aufgabe bevor, unter Mithilfe des Archetyps der Wolfsfrau den Blaubart-Anteil zu neutralisieren und zu transformieren, sondern auch den „böse-Hexe-Teil". Zugegeben, das ist viel leichter gesagt als getan, weil damit eine schwere Prüfung verbunden ist: dem Archetyp der Wilden Frau auch in seiner furchtbaren Gestalt standzuhalten. Beide Geschlechter sind dazu aufgefordert, sich mit den archetypisch weiblich geprägten „Schattenanteilen" des Selbst – diese können auch von anthropomorph-männlicher Erscheinung sein oder geschlechtslos erscheinen – zu konfrontieren und das damit verbundene Grauen auszuhalten. Entsprechend müssen die „inneren Kinder" und andere verletzte Anteile im Vorfeld in Sicherheit gebracht werden, und es sollten alle inneren Kräfte, die einem zur Verfügung stehen, gerade auch der Wilde Mann, aktiviert werden.

Die Initiation, wenn sie denn gelingen soll, verlangt, allem, was sich zeigt, nicht auszuweichen, sondern sich mit diesem vielmehr zu verbinden. Was auch geschieht: alles sehen, fühlen, schmecken. Bewußt wahrnehmen, zu sich nehmen. Wenn es sein muß, auch die innerpsychische Erfahrung des Verschlungen- oder Zerrissenwerdens von einem Ungeheuer, oder die des Kastriertwerdens von einer „bösen Hexe". Oder auch jene des Ausgesaugtwerdens von schwarzen Riesenspinnen, oder die des Gebissenwerdens von Giftspinnen oder von anderen Insekten, was augenblicklich tiefverwurzelte Ekelgefühle in einem hervorruft.

Oder auch die des qualvoll langsamen Fallens durch übereinander hängende Spinnennetze, immer weiter hinab in den eigenen psychischen Abgrund, verbunden mit dem schier unerträglichen Empfinden, daß die Fäden die Haut jedes Mal aufs neue verätzen. Und auch dann, am tiefsten Punkt, inmitten einer alles verpestenden Atmosphäre, wo kein Leben mehr existiert, sondern nur noch Tod, Siechtum, Entartung und Verfall herrschen: nicht reagieren! Nicht fliehen! Nicht kämpfen! Auch nicht die helfende Hand Apolls ergreifen und sich von ihm emporheben lassen, hinein in den duftenden lichtdurchfluteten Himmel. Nein, sondern Sehen, Atmen, Schmecken; Aushalten, der Initiation und psychischen Transformation ihren Lauf lassen.

Und das nicht nur einmal, o nein; mitunter dreimal, fünfmal, zehnmal! In immer anderer, neuer oder vielmehr veränderter, variierter Form. Bis die seit Äonen kollektiv tabuisierten, ins „Böse" verkehrten und daher abgespaltenen weiblichen Anteile ins fühlende und denkende Selbst rückgebunden sind.

Dem folgt das große Staunen: das vermeintlich Grundböse, Abartige, Allverschlingende des Urweiblichen war nichts weiter als ein künstlich hervorgerufener Alptraum, ein Auswuchs des dauerhaft dissoziierten Selbst im christlich-patriarchalischen Kulturkreis, Folge des gesellschaftlich sanktionierten Kindesmißbrauchs im Namen der Erziehung, Folge der psychisch-energetischen Vergiftung des Kindes durch Mutter und Vater im Zeichen der herrschenden Werte.

IV.3
„Geist": das schöpferische Element. Der Autor

Um das Thema „Spiritualität" kommt man nicht herum, weil sich im Zuge jeder psychischen Transformation zuverlässig auch spirituelle Phänomene einstellen, zu denen man sich positionieren, mit denen man umgehen muß. Ich sehe das ganz pragmatisch, unideologisch: wenn spirituelle Phänomene dazu beitragen, die Lebensqualität des einzelnen beträchtlich zu steigern, weshalb sollte man sie dann verdammen? Weshalb sich selbst verbieten, sich ihnen hinzugeben, sich von ihnen berühren und ausfüllen zu lassen?

Wie theoretisch, abgehoben, ideologisch vernagelt, borniert, kleinlich, lebensfern, unpraktisch das Denken vieler Philosophen und Wissenschaftler doch zu allen Zeiten gewesen ist!, auch heute noch ist, wie sich am Umgang mit Spiritualität unschwer ablesen läßt. Die einen lehnen alles Spirituelle kategorisch als unbeweisbar ab – etwa die Anhänger des Positivismus, des Marxismus und der Kritischen Theorie –, während andere vor lauter spirituellem Erbautsein und vermeintlichem Erleuchtetsein die herrschenden politisch-ökonomisch-gesellschaftlichen Realitäten schon gar nicht mehr sehen können. Es klafft mit anderen Worten ein tiefer Graben zwischen Ignoranten und Verabsolutierenden, Abwertenden und Idealisierenden, obwohl viele gar nicht zu sagen wüßten, was zum Teufel sie unter Spiritualität eigentlich verstehen. Manche setzen „Spiritualität" mit „Metaphysik" gleich, also mit Ideen und Vorstellungen von angeblich real existierenden, jenseits des Physischen oder sinnlich Wahrnehmbaren angesiedelten (unvergänglichen) Seinsformen oder Seinsdimensionen. Das aber ist ein viel zu enger, um nicht zu sagen beschränkter Begriff dessen, was „Spiritualität" bedeutet.

Der Duden weiß es besser und weist dem Begriff „Spiritualität" schlicht und ergreifend die Bedeutung „Geistigkeit" oder auch „geistige Ausrichtung" zu (auch die Bedeutung „Geistlichkeit", aber die können wir hier geflissentlich ignorieren). Spiritualität = Geistigkeit, geistige Ausrichtung: also eine selbstbewußte, entwickelte, kultivierte Form des geistigen Schaffens oder des Umgangs mit geistigen Phänomenen.

Was aber sind geistige Phänomene? Innerpsychische Erscheinungen wie Ideen und Vorstellungen oder auch (Traum-) Bilder und Symbole, welche die innere Wirklichkeit des einzelnen konstituieren und nicht nur ein Ausdruck des rationalen Denkens, sondern immer auch ein Ausdruck des instinktiven Schaffens oder des emotionalen Schaffens sind. „Geist" bezeichnet ja grundsätzlich mehr als nur die Tätigkeit der Ratio, worauf auch die ursprüngliche Bedeutung von Geist im Sinn von „Erregung und Ergriffensein" verweist.

Hier haben wir das zentrale Charakteristikum geistigen Schaffens: das Ergriffen- und Ausgefülltwerden von faszinierenden Inhalten der Psyche im Vollzug individuellen Schöpferischseins. Ob Nietzsche beim inneren Ansichtigwerden des „Übermenschen" in Tränen ausbricht, ob ein Ballettänzer den eigenen Tanz wie ein inniges Gebet empfindet oder ob ein Wissenschaftler von einem jäh aufsteigenden Gedankenblitz dermaßen erschüttert wird, daß er völlig aus der Fassung gerät: stets handelt es sich um das Ergriffenwerden von einem Inhalt der Psyche, der als überwältigend erlebt wird – und der in der Regel das Ergebnis eines bereits längerwährenden kreativen Prozesses darstellt, der sich vor allem auch im Unbewußten vollzogen hat.

Wo zu diesem Erregtsein, tiefen Berührtsein, Erfüllt- und Ergriffensein das Empfinden von Heiligkeit tritt – etwa das Empfinden, vom Numinosen innerlich ausgefüllt zu werden oder von einer heilstiftenden Kraft durchdrungen zu werden –, haben wir es mit einem spirituell-schöpferischen Akt zu tun.

Weil spätestens jetzt bei einigen der antireligiöse Reflex einsetzt, füge ich gleich beschwichtigend an, daß ich mit solchen Aussagen keineswegs eine Bresche fürs Religiöse oder Mystische oder Esoterische schlagen will; Unsinn, das liegt mir fern. Es liegt mir aber ebenso fern, mich der herrschenden rationalistisch-materialistischen Wissenschaftsdoktrin zu unterwerfen, die derartige Phänomene pauschal als der Einbildung entsprungen und daher als „höheren Blödsinn" abtut. Ein wenig mehr Bescheidenheit stünde den Vertretern des Materialismus gut zu Gesicht, um es einmal vorsichtig zu formulieren. Das rationalistisch-materialistische Weltbild der Neuzeit ist gerade mal 400 Jahre jung, und daß die Forschung die Entstehung derartiger Phänomene heute noch nicht befriedigend erklären kann, bedeutet doch nicht, daß sie nicht existieren, nicht wahr?

Daher greife ich getrost auf die Erklärung der Analytischen Tiefenpsychologie zurück, welche die Entstehung derartiger Phänomene auf das „Ergriffenwerden" des Ichbewußtseins von Inhalten des kollektiven Unbewußten zurückführt. Also auf das Ergriffenwerden der Einzelpsyche von Archetypen und archetypischen Erscheinungen, die, schon lange vor Erfindung der Religionen, über viele Jahrtausende in Kult und Ritual kollektiv als heilig und heilstiftend verehrt wurden.

Wenn es richtig ist, daß die Anlage zur Ausbildung des kollektiven Unbewußten zum Instinkterbe der Menschheit gehört, läßt sich das Empfinden von Heiligkeit, das sich bei der innerpsychischen „Berührung" mit manchen Archetypen subjektiv einstellt, als eine Folgewirkung ihrer „energetischen Entladung" denken, von der das Ichbewußtsein (dramatisch) beeinflußt wird.

Was aber löst eine solche „Entladung", ein derartiges Aufeinander-Übergreifen der psychischen Teilsysteme Ichbewußtsein und Unbewußtes aus? Laut Tiefenpsychologie die sogenannte „Zentroversion" (Erich Neumann), eine die psychischen Teilsysteme regulierende „Ganzheitstendenz" (derselbe), die fortwährend darauf hinwirkt, das Gleichgewicht zwischen den psychischen Teilsystemen aufrechtzuerhalten oder, sobald ein Ungleichgewicht entstanden ist, das Gleichgewicht wiederherzustellen.

2

Wie auch immer, von kaum einer anderen Empfindungs- und Gefühlsqualität wird der Mensch tiefer und nachhaltiger bewegt, als von der Berührung mit dem, was man das Numinose nennt. Die Fähigkeit, bestimmte innerpsychische Vorgänge als heilig oder heilstiftend wahrzunehmen, stellt mithin eine der dem Rang nach höchsten Formen des Wertschätzens dar, die in Erscheinung getreten ist. Es ist ein Hinweis darauf, daß derartige Empfindungen und Gefühle ursprünglich – also im Paläolithikum und Neolithikum, und das heißt eben auch: schon sehr lange vor Entstehung der Religionen und metaphysischen Systeme – eine wichtige soziobiologische Funktion erfüllten: sie waren die inneren Wegweiser des Ur- und Frühmenschen, durch deren außerordentliche Wirkung dieser instinktiv-emotional dazu angeleitet wurde, jenen Teil des über viele Jahrtausende inkorporierten Ahnenerbes zu befolgen, der sich für die

Selbsterhaltung und Selbstentfaltung der damaligen Kollektive als besonders förderlich erwiesen hatte.

So gesehen, ist es nur folgerichtig, wenn der noch ganz in die Natur eingebettete Ur- und Frühmensch gerade auch die Naturkräfte und Naturerscheinungen als heilig und heilbringend einstufte und verehrte, weil es ganz erheblich zu seinem Überleben – biologisch gesprochen: zur Anpassung des Ur- und Frühmenschen an die Umwelt – beitrug. Aber auch als innerer Leitfaden der sozialen Selbstorganisation waren als heilig wahrgenommene Empfindungen von enormem Wert für den Frühmenschen, indem sie den Zusammenhalt der Kollektivmitglieder gefestigt und die Verkehrsformen zwischen ihnen mitgestaltet haben, sei es im alltäglichen Leben oder auch in Kult und Ritual.

Und weil das als heilig oder heilstiftend Wahrgenommene auf das Gemüt im allgemeinen wie ein starkes Tonikum wirkt, mitunter sogar zu glückseligen Zuständen der Ekstase führt, bestand und besteht sein Wert nicht nur darin, Leben zu erhalten, sondern vor allem auch darin, es zu „steigern" (Nietzsche), etwa die zwischenmenschlichen Bande oder auch das Band zwischen Mensch und Natur zu vertiefen.

Trotz der berechtigten Vorbehalte gegen alles Religiöse, Metaphysische und den ganzen organisierten Heilszirkus soll man vor diesem Hintergrund nicht die Dummheit begehen, den großen Wert der Spiritualität für das Leben zu übersehen. Es ist ja nicht „nur" das Ergriffen- und Durchschauertwerden von dem als numinos Wahrgenommenen – eine den einzelnen vollkommen erfüllende, tiefe Glückseligkeit auslösende Ekstase und Feier universaler Liebe, die ihn ans All rückbindet –, dem nichts Vergleichbares an die Seite gestellt werden kann; sondern auch die sich im Zuge einer spirituellen Praxis einstellende Aufgabe, sich am Leitfaden des als numinos Wahrgenommenen, also am Leitfaden der im psychischen Weltinnenraum erscheinenden

Archetypen, geistig weiterzuentwickeln und letztlich eine innere Landschaft des Geistes anzulegen und zu kultivieren, auf deren Grundlage die Schaffung einer richtigen Kultur überhaupt erst möglich wird.

Ein solcher spiritueller Weg ist freilich kein Sonntagsspaziergang. Ihn zu gehen setzt die Bereitschaft voraus, sich von den Archetypen berühren und ausfüllen und führen zu lassen und auch vor den zunächst hochgradig angsteinflößenden „dunklen Erscheinungen" des kollektiven Unbewußten nicht zurückzuschrecken.

Daß eine solche individuelle psychologisch-spirituelle Praxis nichts mit Religion oder Metaphysik zu tun hat, sei durch die folgende Bemerkung der Tiefenpsychologin Clarissa Pinkola-Estés vorsichtshalber nochmals erhärtet: „Die Beschäftigung mit der Wilden Frau ist keine Religion, sondern eine psychologische Praxis im wahrsten Sinne des Wortes."[62]

Was natürlich auch für die Beschäftigung mit allen anderen Archetypen gilt! Und weil Spiritualität eben nichts Abgehobenes und Lebensfernes, Religiöses und Metaphysisches ist, sondern zur menschlichen Natur dazugehört wie das rationale Denken, führt die Autorin an anderer Stelle aus: „(...) Eine Psychologie, die es versäumt, das spirituelle Wesen im Zentrum der femininen Psyche zu kontaktieren, muß als gescheitert betrachtet werden, denn sie versagt ihre Hilfe nicht nur der einzelnen Frau jetzt und hier, sondern auch den Töchtern der heutigen Frauen und allen zukünftigen Nachkommen des weiblichen Geschlechts."[63]

Den Menschen als animal rationale zu bezeichnen, war sehr gewagt. Es kam der hellenisch-römischen Geisteselite auch nur deshalb in den Sinn, weil sie sich selbst als das Maß aller Dinge ansetzte. Kant hat vorgeschlagen, die gemäßigtere Form animal rationabile zur Bezeichnung des Menschen zu verwenden, um zum Ausdruck zu bringen, daß sich die meisten durchaus erst noch zum animal rationale entwickeln müssen. Es ist jedenfalls evident, daß der Mensch mit größerem Recht als „animal spirituale" bezeichnet werden kann.

Zumal die Forschung inzwischen davon ausgeht, daß ein konstant bleibender Prozentsatz der Bevölkerung nicht nur hochsensitiv veranlagt ist – man geht von 15-20% aus, dies ist aber umstritten –, sondern daß dieser Bevölkerungsteil häufig auch eine ausgeprägte Affinität zum Spirituellen und überhaupt zum Geistigen aufweist. Und es würde mich nicht wundern, wenn die Forschung eines Tages zu dem Ergebnis kommt, daß es sich bei der hochsensitiven Veranlagung um eine auf instinktiv-emotional-spirituelle Wahrnehmungen spezialisierte vorpatriarchale Bewußtseinsform handelt, die im Neolithikum zu höchster Blüte reifte und mit der auch noch die kleinsten Unstimmigkeiten und unterschwellig gärenden negativen Regungen innerhalb der damaligen Kollektive aufgespürt werden konnten, um sie rechtzeitig unschädlich zu machen.

Erst heute, nachdem diese Bewußtseinsform vom siegreichen patriarchalen Ichbewußtseinssystem über gut drei Jahrtausende erfolgreich überlagert und unterdrückt worden ist, wird man ihrer im Zuge der kollektiven psychischen Transformation in der Hypermoderne wieder gewahr und beginnt zu verstehen, um was für einen kostbaren Schatz es sich bei dieser speziellen Hochbegabung handelt.

V.

„Sich mit dem herrschenden Wertesystem zu identifizieren, ist selbstschädigendes Verhalten." Der Autor

Im diesem abschließenden Teil zeige ich Konzepte auf, anhand derer ich verdeutliche, wie das Ganze in politisch-gesellschaftlicher Hinsicht verwirklicht werden kann, oder besser gesagt: wie das Ganze der von mir aufgezeigten Vision in die barbarische Scheißrealität der westlichen Zivilisationen eingespeist werden kann. Das erste Konzept sieht die Gründung einer philosophisch-psychologischen Schule vor (vgl. V.2), das zweite - die politische Konzeption - sieht vor, das herrschende politische System grundlegend zu modifizieren und dadurch zugleich das herrschende ökonomische System zu überwinden (vgl. V.3). Bevor ich darauf eingehe, erlaube ich mir noch einige allgemeine Bemerkungen, unter anderem über das „Prinzip Macht".

Jede vernunftgemäße Gesellschaftstransformation muß sich, wenn sie denn von Erfolg gekrönt sein soll, immer „innen und außen" vollziehen, also auf individuell-geistig-psychischer sowie auf politisch-ökonomisch-sozialer Ebene. Fällt eine der beiden Ebenen weg, bleibt eine Gesellschaftstransformation immer auf halbem Weg stehen, womöglich mit gefährlichen Folgen. Ein einzelner, der sich über viele Jahre aus dem psychischen Dilemma herausmanövriert hat, das sich in ihm moral- und erziehungsbedingt verfestigt hatte, wird die systembedingt herrschenden gesellschaftlichen Widersprüche in der Regel nicht länger ertragen – und findet sich schon bald in einem schier ausweglosen Konflikt wieder: um das materielle Überleben zu sichern, muß er auch weiterhin innerhalb der Gesellschaft agieren, sich den in dieser zementierten Herrschaftsverhältnissen anpassen; um die psychische Gesundheit zu bewahren, müßte er aber augenblicklich aus der Gesellschaft ausscheiden (ich bestreite nicht, daß es auch heute schon Möglichkeiten gibt, eine gewisse Art von Ausstieg zu verwirklichen; aber was es auch sei - sei es, daß einzelne nach Asien auswandern, sei es, daß einige alternative Lebensgemeinschaften bilden, sich etwa in sog. „Ökodörfern" zusammenschließen –, diese Möglichkeiten stehen längst nicht allen offen, und die Widersprüche werden dadurch nicht aus der Welt geschafft, sondern nur aus den Augen, aus dem Sinn!).

Brandgefährlich wird es, wenn sich die neuen Machthaber, etwa eine marxistisch-revolutionäre Avantgarde, im Anschluß an die Revolution daranmachen, erneut ein auf der Unterdrückung der Bevölkerung basierendes Herrschaftssystem zu etablieren, weil zumindest ein Teil der Führungsriege die psychische Spaltung noch nicht überwunden, die eigenen psychischen Defizite noch nicht aufgearbeitet hat und, von der Macht verführt, von den „Dämonen" ihrer unaufgearbeiteten Kindheitstraumata in die Destruktivität getrieben wird.

Wenn sich eine Gesellschaftstransformation nicht sowohl auf geistig-psychischer wie auf politisch-ökonomisch-sozialer Ebene vollzieht, besteht in Krisenzeiten immer die Gefahr, daß zuletzt die Reaktion die Oberhand gewinnt. Denn die im Verlauf der Krise entstehenden Verwerfungen – etwa der rasante Zerfall der Gesellschaft in nicht mehr miteinander kompatible (Interessen-)Gruppen – schüren, wenigstens bei einem Teil der Bevölkerung, die Angst vor Chaos, Entwurzelung und Überfremdung, was viele schließlich in die Fänge der Reaktion treibt, mit fatalen Folgen für die Gesellschaft.

Daher ist es gerade in Krisenzeiten hilfreich, um nicht zu sagen unerläßlich, sich auf die Fähigkeit zur psychischen Selbsttransformation und auf die schöpferische Kraft des Unbewußten zu besinnen. Und darauf zu setzen, daß im gleichen Maß, wie der Zerfall der patriarchalen Welt und der herrschenden Doppelmoral voranschreitet, auch Umwandlungs- und Neuerungskräfte freigesetzt werden; vorausgesetzt, man verbindet sich willentlich mit der uralten Weisheit des Unbewußten und öffnet sich dem Wandel, hält nicht starrsinnig an alten Überzeugungen und Denkgewohnheiten, Verhaltensweisen und Lebensstilen fest.

Eines der größten Hindernisse auf dem Weg zur Verwirklichung einer neuen Gesellschaftsordnung ist die herrschende Auffassung von Macht. Das „Prinzip Macht", wie es heute aufgefaßt und verwirklicht wird, ist das gleiche, wie es schon immer im Patriarchat aufgefaßt und verwirklicht wurde. Es wird ganz selbstverständlich mit dem von den Herrschenden seit jeher zelebrierten „Willen zur Macht" (Nietzsche) gleichgesetzt, also mit dem Willen, stets den eigenen Vorteil im Auge zu haben und daher einen gesellschaftlichen Zustand herbeizuführen, der es ermöglicht, anderen den eigenen Willen dauerhaft aufzwingen zu können. Dieser „Wille zur Macht", der unter den Herrschaftsbedingungen der christlichen-bürgerlichen, sozialistischen und faschistischen Doppelmoral auf die Verwüstung der Natur und Menschennatur zielt (vgl. Band 1), ist, wie billig, auch eine faule Frucht der moralbedingten psychischen Aufspaltung. Da heute fast alle Herrschenden der berauschenden Wirkung der Macht verfallen sind, gibt es kaum eine dringlichere Aufgabe, als ein anderes Verständnis von Macht zu etablieren, ein anderes Machtbewußtsein.

Die in manchen linken Kreisen grassierende Vorstellung, das „Prinzip Macht" von heute auf morgen einfach aus der Gleichung des Lebens streichen zu können, halte ich hingegen für eine (gefährliche) Illusion, weil ein Empfinden von Macht und Ohnmacht durch das Machtgefälle zwischen Eltern und Kind immer schon als bleibende Erfahrung im einzelnen manifestiert wird. Die Annahme eines auch unabhängig von uns existierenden, dem Sein zugrundeliegenden „Willens zur Macht" ist zwar Metaphysik reinster Ausprägung und daher philosophisch-wissenschaftlich unhaltbar, doch in jeglicher Interaktion zwischen Menschen drückt sich immer auch ein spezifisches Machtverhältnis aus, ein zwischen allen Akteuren latent vorhandenes, sich im Prozeß der Interaktion früher oder später offenbarendes und häufig auch dauerhaft manifestierendes Machtungleichgewicht, etwa, was Widerstandskraft und Körperkraft, Bildung und Intelligenz anbelangt. Dieses Machtungleichgewicht versetzt das mächtigere Individuum in die Lage, sich auf Kosten des weniger mächtigen einen Vorteil zu verschaffen.

Auch auf die Gefahr hin, Altbekanntes zu wiederholen: philosophisch gesehen bezeichnet das „Prinzip Macht" den unaufhörlichen „Tanz" der Lebensformen um den Grad ihrer wechselseitigen Beeinflussung im Strom von Werden und Vergehen. Biologisch gesehen, wird dieser „Tanz" durch das spezifische So-Sein der Lebensformen charakterisiert: indem sie sich ihren Anlagen gemäß entfalten, beziehen sie sich auch immer ihren Anlagen gemäß aufeinander und entwickeln im Lauf der Zeit vielfache Interaktionsformen, die ein dauerhaftes Zusammenleben bestimmter Arten in einem bestimmten Lebensraum ermöglichen. Zu den Formen der Interaktion, die zwischen den Lebensformen zum Tragen kommen, gehört auch der Kampf ums Dasein, der augenscheinlich einen großen Raum einnimmt. Letztlich ist aber auch der Kampf ums Dasein nur eines von vielen Mitteln, derer sich das „Leben" bedient, um das Zustandekommen einer möglichst großen Artenvielfalt in einem von natürlichen Grenzen eingehegten Lebensraum zu ermöglichen. Nur der Mensch, oder genauer gesagt, nur ein bestimmter Typus Mensch legt es tatsächlich darauf an, anderen den eigenen Willen in der Weise dauerhaft aufzuzwingen, daß er gesellschaftliche Unterdrückungsmechanismen ersinnt und durchsetzt, durch welche ein Großteil der Bevölkerung ein Leben lang unterdrückt und ausgebeutet wird.

Wie auch immer, es ist keine gute Idee, das „Prinzip Macht" von heute auf morgen aus dem Leben ausradieren zu wollen. Es kommt vielmehr darauf an, es vom allzumenschlichen Machtverständnis und Machtmißbrauch streng abzugrenzen und im Zuge der aktuellen Gesellschaftstransformation neu zu bestimmen, es jenseits der dem Patriarchat und der modernen Klassengesellschaft verhafteten Konzepte inhaltlich auszurichten.

Ist es nötig, darauf hinzuweisen, daß auch die Theoretiker des Kommunismus wegen ihrer überdurchschnittlichen intellektuellen Fähigkeiten sozusagen naturnotwendig als Vordenker und mitunter auch als Führer – Lenin – in Erscheinung getreten sind und mithin nicht nur über ein ungleich größeres Quantum Macht verfüg(t)en, als der Durchschnitt der Bevölkerung, sondern dieses für die Erreichung ihrer Ziele auch vorteilhaft einzusetzen wußten?

Vollends auf die Spitze getrieben und dadurch ad absurdum geführt wurde das Machtdenken freilich von Nietzsche. Ein Bild: drei Philosophen im Greisenalter – einer indogermanischer Herkunft: Nietzsche, einer semitischer und einer asiatischer Herkunft –, drei Weltarchitekten der Moral, finden sich, der Dynamik der „ewigen Wiederkehr des Gleichen" gehorchend, im Verlauf von Jahrmillionen mehrfach schicksalhaft in der Cheobspyramide ein, um von dort aus die Geschicke der Menschheit aufs neue auszuhandeln und für Tausende von Jahren vorherzubestimmen. Bei näherem Hinsehen wird deutlich, daß es sich bei den Greisen um Mumien handelt oder vielmehr um mumifizierte Untote, die, wenn sie sich bewegen, aus allen Ritzen und Falten ihrer morschen Körper stauben, und denen, wenn sie sprechen, Sand aus dem Mund rieselt.

V.2.

Doch wie eine Neuausrichtung der Macht erreichen?! Eines gleich vorweg: obwohl das Vermögen zur psychischen Transformation ein grundmenschliches ist, wäre es naiv, zu glauben, daß der von der Schwerkraft beherrschte, weil hauptsächlich mit dem Kollektiv identifizierte und vom Mangel an geistig-schöpferischem Vermögen geprägte Massenmensch jemals aus eigenem Antrieb damit beginnen wird, die Dauerkrise zu überwinden. Im Gegenteil, diese Art Mensch wird alles dafür tun, jeden Wandel, dem er sich innerlich anpassen müßte, schon im Keim zu ersticken. Man soll nie vergessen, daß der „Herdenmensch" (Nietzsche) alles Neuartige und Andersartige stets mißtrauisch und häufig auch feindselig beäugt und das Außergewöhnliche – insbesondere den hohen glückseligen Geistesflug, der sich einer gesellschaftlichen Vernutzung unverschämterweise entzieht – mit aller Kraft seiner engen Seele haßt, weil er instinktiv weiß, daß der schöpferische Geist dem Rang nach höher steht als er.

Daher liegt es auch heute an wenigen einzelnen, eine Pionier- und Vorbildfunktion zu übernehmen und den vielen vorauszugehen, dem schwerfälligen Gesellschafts-Koloß den Weg zu weisen. Doch nicht so, daß man sich für das Kollektiv aufopfert! Nein, mit solchem christlich geprägten Martyriumsscheiß haben wir nichts zu schaffen! Uns freien Geistern – den jenseits von links, rechts und bürgerlicher Mitte fühlend und denkend Schaffenden – muß es vielmehr darum gehen, sich zu organisieren und als kulturstiftende Avantgarde gezielt Einfluß auf die Gesellschaft zu nehmen, um die Gesellschaftstransformation im Sinn der philosophischen und psychologischen Vernunft mitzugestalten.

Es bietet sich an, bis auf weiteres zwei Hauptziele zu verfolgen: zum einen, eine philosophisch-psychologische Schule zu gründen, an der eine Methodik der Körper- und Bewußtseinsschulung gelehrt wird, die darauf ausgelegt ist, psychophysische Transformationsprozesse sowohl auf individueller als auch auf kollektiver Ebene voranzutreiben; zum anderen, das herrschende politische System grundle-

gend zu modifizieren und dadurch zugleich das herrschende ökonomische System zu überwinden (vgl. die unter V.3
aufgeführte „politische Konzeption").

Gemäß dem schönen Nietzsche-Wort „Wir guten Euro-
päer" wird die Schule, die ich im folgenden skizziere, „inter-
antinational" (aus dem Manifest des „Haller Verlags") ausgerichtet und verpflichtet sich der Idee eines politisch und
geistig vereinten Europas. Schließlich geht es längst ums
Ganze, und die mit dem herrschenden System vollends zu
einem Wesen, halb Mensch, halb Maschine, verwachse-
ne Wirtschafts- und Finanzelite, zu der wie billig auch die
Politikerkaste zählt, läßt einem durch ihre unerträglichen
lebens- und kulturfeindlichen Machenschaften ja gar keine
andere Wahl, als sich ihnen augenblicklich entgegenzustel-
len, etwa mit den Mitteln des Geistes.

2

Daß die psychotherapeutischen Verfahren nach wie vor fast
ausschließlich als probates Mittel dafür gehandelt werden,
psychische „Störungen und Krankheiten" zu kurieren, um
die Funktionalität der Betroffenen in Beruf und Arbeit möglichst schnell wiederherzustellen, ist zwar angesichts der
hierzulande herrschenden Verhältnisse nicht weiter verwunderlich, aber bedauerlich. Schließlich eignen sie sich
gerade auch dafür, Selbstwerdungsprozesse jenseits von
Krankheit und Störung anzustoßen und zu begleiten, stellen
effektive Methoden der Selbsterfahrung und Selbstreflexion, der Selbsttransformation und Selbstentwicklung dar.
Was wäre heute nicht schon möglich, hätte die Forschung
in den vergangenen Jahrzehnten eine umfassende, dem
Zweck der psychischen Transformation einzelner dienende
Methodik entwickelt, die das Beste aus sämtlichen psychotherapeutischen Verfahren und aus anderen Methoden der
„Körperarbeit" vereint: etwa Elemente aus der Meditation,

Tanzimprovisation, Tanztherapie, Tiefenpsychologie, Traumatherapie, Körperpsychotherapie und aus dem sogenannten „Somatic Training" (Erklärung folgt weiter unten).

Da eine solch umfassende Methodik meines Wissens in Deutschland nicht existiert, und da es gut und schön und überaus hilfreich wäre, wenn sie existierte, schlage ich vor, eine solche zu schaffen. Es bietet sich an, zu dem Zweck eine entsprechende Schule zu gründen, an der die Methodik nicht nur entwickelt, sondern auch gelehrt wird. Denkbar ist natürlich auch, die Methodik innerhalb der bestehenden akademischen Strukturen zu entwickeln: man muß dann nur darauf achten, das Ganze nicht zu rational auszurichten. Der Vorteil wäre, daß innerhalb der akademischen Strukturen viele in die Lage versetzt würden, sich diese Methodik anzueignen, sobald sie ausgereift ist. Andererseits ließe sich das Ganze an einer unabhängigen Schule wahrscheinlich freier und praxisnaher einrichten, was dem hier angedachten Projekt mehr entspräche.

Es wäre wahrscheinlich sinnvoll, zusätzlich zu dieser Methodik, die eine transformationsspezifische Körper- und Bewußtseinsschulung ist, auch andere Inhalte an der Schule zu vermitteln, etwa Grundkenntnisse in Philosophie, Psychologie, Geschichte und Politik (Bachelor) sowie weiterführende Kenntnisse in Philosophie, Psychologie und Politik (Master). Als weitere Fächer kämen etwa Debattieren und freie Rede, Atem-, Sprech- und Stimmtraining oder auch Lesen und Text-Vortrag in Betracht.

Es ist klar, daß es, um (Macht-)Mißbrauch auszuschließen, unumgänglich wäre, die Aufnahme des Schulpersonals vom Bestehen eines Eignungstests abhängig zu machen, der vor allem auch psychologische Testverfahren beinhaltet und die Empathiefähigkeit der Bewerber auf die Probe stellt. Immerhin sollen die an der Schule Tätigen nicht zuletzt auch eine gesellschaftliche Vorbildfunktion übernehmen, sollen auf die Gesellschaft, der philosophischen und psychologischen Vernunft gemäß, behutsam einwirken und die Gesellschaftstransformation mitgestalten. Entsprechend hoch müssen die Anforderungen an das Lehrpersonal ausfallen.

Wie versprochen, erläutere ich im folgenden in aller gebotenen Kürze, was unter „Somatic Training", „Körperarbeit", zu verstehen ist. Eine Vielzahl von Techniken, die darauf hinwirken, einen Prozeß der Selbsterfahrung und der Selbstentwicklung anzustoßen, der sich am Leitfaden des Körpers orientiert. So werden etwa anhand von Körperhaltungen und Körperbewegungen Verhaltensmuster aufgedeckt, die sich auf körperlicher Ebene dauerhaft verfestigt haben, so daß der einzelne in die Lage versetzt wird, diesen Verhaltensmustern gewahr zu werden, um sie gegebenenfalls aufzulösen.

Vielleicht stellt sich jemand die Frage, weshalb die gängigen Methoden des „Somatic Training", wie die „Bartenieff Fundamentals oder auch Body Mind Centering", in dem hier aufgezeigten Rahmen nicht einfach als Studienlehrgang angeboten werden sollen? Weil sich nicht alle bestehenden Techniken des „Somatic Training" gleichermaßen dazu eignen, psychophysische Transformationsprozesse zu begleiten und zu unterstützen, sie gezielt voranzutreiben und in die Tiefe zu treiben.

Daher ist es unumgänglich, eine Auswahl zu treffen und die für den Zweck der schulischen Praxis geeignetsten Techniken zu einer neuen Methodik zusammenzufassen. Eine Methodik, die der maßgeschneiderten Unterstützung psychophysischer Transformationsprozesse dienen soll, muß einen Rahmen zur Verfügung stellen, der es ermöglicht, sowohl auf der unbewußten, nonverbalen, instinktiv-triebhaft-emotionalen Ebene Selbsterfahrungen zu machen, als auch auf der gefühls- und verstandesmäßigen. Wie ein solcher psychophysischer Transformationsprozeß konkret aussehen kann, ist mit Worten schwer zu beschreiben. Wer sich diesen Bereich erschließen will, kommt nicht darum herum, in diesen mit Haut und Haar einzutauchen und selber Erfahrungswerte zu sammeln.

Es vereinfacht das Verständnis des Ganzen, sich die Ziele dieser transformationsspezifischen Körper- und Bewußtseinsschulung vor Augen zu führen.

Es existieren zwei Grundanschauungen, an denen alles ausgerichtet wird und welche die Leitworte der Schule bilden: „Der Weg hinaus ist der Weg hinein" und „Alles Wesentliche wird erst in der Stille vernehmbar".

Das übergeordnete Ziel der Methodik, die letztlich eine philosophisch-psychologische Praxis ist, läßt sich so zusammenfassen: damit die Schaffung einer nachpatriarchalen und nachkapitalistischen Kultur, der philosophisch-psychologischen Vernunft gemäß, individuell und letztendlich auch kollektiv verwirklicht werden kann, dient die transformationsspezifische Körper- und Bewußtseinsschulung dem Zweck, im Individuum eine Vereinigung des patriarchal geprägten Ichbewußtseinssystems mit Inhalten des vorpatriarchalen Bewußtseinssystems herbeizuführen, so daß ein nachpatriarchales Bewußtsein entsteht, das, mit Erich Neumann zu sprechen, als eine „Ich-Selbst-Einheit" bezeichnet werden kann. Um den Erfolg eines solchen Unterfangens zu gewährleisten, wird der Vereinigungsprozeß am Leitfaden der Integration des archetypisch „Urweiblichen" ausgerichtet, also am Leitfaden der Integration des Archetyps der „Wolfsfrau".

Alle weiteren Ziele der Körper- und Bewußtseinsschulung stehen in unmittelbarem Zusammenhang mit dem übergeordneten Ziel. Im Grundsatz sollen die Teilnehmer dazu in die Lage versetzt werde, das Abgespaltene und Verdrängte in eigener Regie ins denkende und fühlende Selbst zu integrieren. Eine der Voraussetzungen dafür ist die Fähigkeit, jegliche innere Regung darauf hin abschätzen zu können, ob sie vom „wahren Selbst" oder vom „falschen Selbst" ausgeht, etwa vom Über-Ich oder vom Ich, vom „moralischen Empfinden" oder vom ureigenen Gefühl. Schließlich stellt die Fähigkeit, derlei Vorgänge unterscheiden zu können, die Grundlage dafür dar, überhaupt entscheiden zu können, welche innerpsychischen Vorgänge und Phänomene – welche Verhaltensmuster und Glaubenssätze etwa – geschwächt oder möglichst ganz neutralisiert werden sollen, und welche gestärkt oder ins Leben gerufen werden sollen.

Um den oben erwähnten Vereinigungsprozeß des patriarchal geprägten Ichbewußtseinssystems mit Inhalten des vorpatriarchalen kollektiven Bewußten unversehrt bewältigen zu können, bedarf es der Fertigkeit, die „inneren Kinder" und andere schutzbedürftige innere Anteile jederzeit hinreichend versorgen zu können, weshalb die „Innere-Kind-Arbeit" zur Grundausbildung gehört. Und um auch jederzeit eine hinreichende Versorgung traumatisierter Anteile gewährleisten zu können, werden in der Grundausbildung vor allem auch Methoden aus der Psychotraumatologie vermittelt, etwa, wie man innere Schutzräume für die „Opfer-Anteile" sowie energetisch wirksame Sicherheitszonen und „Transformationskammern" für die „Täter-Anteile" schafft. Die Fähigkeit, mit den „inneren Kindern" sowie mit den Täter-Anteilen und mit den Opfer-Anteilen eigenständig zu arbeiten, ist die Voraussetzung dafür, ein selbstbestimmtes Leben führen zu können (auf das Thema Innere-Kind-Arbeit weiter einzugehen und die Methoden der Psychotraumatologie im einzelnen darzustellen, würde den Rahmen dieser Arbeit sprengen).

Ein weiteres wesentliches Ziel ist die Entwicklung der Fertigkeit, die Inhalte der Verstandes-, Gefühls- und Triebebene bewußt wahrnehmen zu können – soweit menschenmöglich, versteht sich –, ohne sich mit ihnen zu identifizieren. Es bedeutet, daß das Ich dazu in der Lage sein muß, in Bezug auf diese Vorgänge eine Beobachterposition einzunehmen und diese zu halten, ohne von einem Impuls oder von einem anderen inneren Vorgang besetzt zu werden. Daß dies viel leichter gesagt als getan ist, brauche ich wohl nicht zu betonen. Schließlich widersprechen sich die Inhalte der Ebenen zum Teil erheblich, und es gehört zunächst einmal eine große Selbstbeherrschung dazu, den dauernden Widerspruch zwischen ihnen nicht nur bewußt wahrzunehmen, sondern diesen auch jenseits von gut und schlecht und richtig und falsch auszuhalten, ohne in alte Reaktionsmuster zu verfallen.

Diese Fertigkeit stellt wiederum die Voraussetzung dafür dar, Ich und Selbst, Bewußtsein und Unbewußtes nicht nur in einem harmonischen Gleichgewicht halten, sondern die zwischen diesen psychischen Bereichen bestehende Trennung auch jederzeit aufheben zu können, um einen Austausch der Inhalte, eine wechselseitige Durchmischung und Befruchtung, zu gewährleisten.

Wer dies vermag, ist schließlich auch dazu in der Lage, auf „feinstofflicher" = geistig-psychischer Ebene eine Landschaft des Geistes anzulegen und in sich zu kultivieren, die sich aus „energetisch geladenen" Bildern und Symbolen, Strukturen, Farben, Gefühlen, spirituellen Phänomenen und archetypischen Figuren zusammensetzt, die alle miteinander in Beziehung stehen und immer sowohl ein individueller als auch ein überindividueller Ausdruck des „wahren Selbst" sind. Wer die Schaffung einer solchen inneren Landschaft am Leitfaden der Integration des archetypisch Weiblichen sowie am Leitfaden der Neutralisierung und Integration des Blaubart-Komplexes sowie des Lilith-Komplexes ausgerichtet hat, kann mit Stolz von sich behaupten, daß er in sich ein nachpatriarchales Bewußtsein entwickelt hat.

Es handelt sich dabei um ein hochgeistiges Körperbewußtsein, das auch noch die feinsten, zartesten, komplexesten inneren Regungen und Erscheinungen und Körpersensationen wahrnimmt und in ihrer „energetischen Qualität" richtig einschätzen kann, nämlich in ihrem Wert für das Selbst, um auf diese schöpferisch-gestaltend einzuwirken, also fördernd oder hemmend.

An dieser Stelle tritt nicht nur einmal mehr die zentrale Bedeutung des Wertens, als ein das menschliche Leben konstituierendes Grundmoment, hervor, das alles fortwährend darauf hin überprüft, ob es der Selbstentfaltung dienlich ist oder nicht, sondern auch die des „Prinzips Macht". Weshalb die Entwicklung und Kultivierung eines Machtbewußtseins, das mit dem heutigen Verständnis von Macht oder vielmehr mit der heute allseits grassierenden Machtgeilheit nicht das geringste zu tun haben wird, ein weiteres wesentliches Ziel der Selbstbewußtseinsschulung markiert; eines Machtbewußtseins, für das die Ausübung von Macht und erst recht das Streben nach Macht nicht mehr die geringste Bedeutung haben werden.

3

Daß eine derartige Körper- und Bewußtseinsschulung weit über das hinausgeht, was man für gewöhnlich mit Hilfe der therapeutischen Verfahren zu erreichen versucht, versteht sich wohl von selbst. Und es ist klar, daß sich unter den heutigen Bedingungen nur wenige finden werden, die bereit sind, sich auf eine derartig zeitintensive Introspektion einzulassen. Es ist ein dauernder Balanceakt auf einem schmalen innerpsychischen Grat, eine neue umfassende Kunstform der Selbsterfahrung und Selbstentwicklung, der Selbstverwirklichung und Selbsterschaffung, die nur die Berufenen zur Teilnahme auffordert und dazu herausfordert, es in den oben genannten Disziplinen zur Meisterschaft zu bringen, etwa ein Meister des Empfindens zu werden. Meister des Empfindens: „Mit sämtlichen Impulsen und Empfindungen jonglieren, doch sich stets nur mit den vom wahren Selbst ausgehenden identifizieren (aus „Wandlung. Poetische Philosophie"). Hier gilt nicht mehr „nur" das „Werde, der du bist", sondern auch das „Entwickle, vertiefe, verfeinere, vervollkommne, was dir gegeben wurde".

Es ist ein Weg, der über das, was in Europa bisher als Philosophie angesehen und gelehrt wurde, weit hinausgeht. Es ist ein Weg, den zu gehen bedeutet, den Körper erstmals wieder in sein Recht als oberste Instanz des Lebens einzusetzen und die Schaffung eines nach menschlichem Ermessen vollkommenen Selbst- und Körperbewußtseins als Ziel zu verfolgen. Es ist ein Weg, der über eine Brücke hinein in den Anfang einer noch namenlosen neuen Kultur führt, die das Ende der bisherigen christlich-idealistisch-rationalistisch geprägten Kultur anzeigt. Es ist ein Weg, über den sich das schöne Hölderlin-Wort „Die Harmonie der Geister wird der Anfang einer neuen Weltgeschichte sein" wie eine Verheißung spannt.

Und wer weiß? Vielleicht wird einer im Zuge einer solchen Schulung eines Tages überrascht feststellen, daß vieles von dem, was er bislang unter der Überschrift „Probleme" zu subsumieren und zu kultivieren gewohnt war, verschwunden ist? Sich gleichsam in Luft aufgelöst hat? Um schließlich doch noch von einem letzten „Problem" eingeholt und umgetrieben zu werden, von der Frage nämlich „Wie leben, was tun ohne Probleme? Ohne ein Problembewußtsein?"

V.3

Weil es mein Anliegen ist, auch in politischer Hinsicht einen Beitrag zur Debatte um die aktuelle Gesellschaftstransformation beizusteuern, entwickle ich im folgenden eine politische Konzeption, die der Aufklärung verpflichtet ist.

Da ich kein Jurist bin und meine Bemühungen, mit Experten über die Konzeption ins Gespräch zu kommen, fruchtlos blieben – diesbezügliche Anfragen an freie Träger, etwa an solche im Berliner „Haus der Demokratie und Menschenrechte" ansässige, verliefen ins Leere –, möge man mir etwaige handwerkliche Mängel nachsehen. Als Philosoph sah ich es ohnehin nicht als meine Hauptaufgabe an, ein juristisch wasserdichtes Traktat abzuliefern, das dem Anspruch versierter Paragraphenreiter genügt; mir ging es in erster Linie darum, diese Konzeption im Geist jener Aufbruchstimmung zu verfassen, die zwischen 1990 und 2000 im Ostteil Berlins um sich griff und von der wir, Intellektuelle und Künstler aus Ost und West, umgetrieben wurden. Auch, wenn aus dem geistigen Neubeginn bekanntlich nichts wurde und es rückblickend sogar irrational erscheint, daß wir einen solchen verfolgten: – in dieser kurzen Zeitspanne schien er greifbar zu sein.

Zur Einstimmung und Erinnerung: die philosophisch-psychologische und politisch-ökonomische Vernunft fordert die Etablierung eines neuen ökonomischen Systems, weil das kapitalistische die Verwirklichung dringend erforderlicher Maßnahmen fortlaufend hintertreibt: etwa das Austrocknen der Steueroasen, die Regulierung der Finanzmärkte oder auch die Durchsetzung effektiver Umweltschutzmaßnahmen. Soviel sollte inzwischen selbst den „Vollideologen" unter den Politikern klargeworden sein, und es darf auch als gegeben angesehen werden, daß der wissenschaftlich fundierte Bericht „Die Grenzen des Wachstums", der vom „Club of Rome" herausgegeben wurde, vielen der Herrschaften bekannt ist.

Wie auch immer, ist der unauflösliche Zusammenhang zwischen der nationenübergreifend dauerhaft vollstreckten Generierung von Wirtschaftswachstum und der Verwüstung der Umwelt erst einmal erkannt, ist es nur noch ein kleiner Schritt hin zur Einsicht, daß ein Miteinander von Kapitalismus und richtiger Demokratie nicht möglich ist. Was geschieht, wenn man Kapitalismus und Demokratie verbindet, zeigt sich anschaulich am jämmerlichen Zustand der heutigen repräsentativen Demokratie in den westlichen Gesellschaften. Dieses politische System taugt erwiesenermaßen weder dazu, die in der Verfassung verankerten Grundrechte politisch durchzusetzen, noch dazu, den Willen der Gesamtbevölkerung zu erfassen und zu berücksichtigen, diesem politisch Ausdruck zu verleihen. Fataler noch, es dient letztlich der Durchsetzung und Aufrechterhaltung eines Ungleichheit und Unfreiheit erzeugenden, die Profitmaximierung über alles andere stellenden ökonomischen Systems.

Das wissen natürlich auch viele der heute Regierenden – Spitzenpolitiker und hohe Beamte etwa –, und lassen dennoch alles so weiterlaufen, wie bisher. Aus Kalkül, sicherlich. Aber eben nicht nur aus Kalkül. Denn etwas anderes, Abgründigeres, ist vielen dieser Leute eben nicht bewußt: daß sie, erziehungs- und moralbedingt, psychisch Gespaltene sind! Daß ihr Verhalten, psychologisch gesehen, als irrational eingestuft werden muß, weil ihr Machtstreben und krampfhaftes Anhaften an der Macht vor allem der dauerhaften Verdrängung der von ihnen in der Kindheit erlittenen Traumata sowie der Kompensation der Traumafolgestörungen dient. Wüßten sie, daß ihr Machtstreben der Aufrechterhaltung ihres „falschen Selbst" auf Kosten ihres „wahren Selbst" (A. Miller) dient; wüßten sie, fühlten sie, daß sie nur die „ausführenden Organe" der Imperative eines durch umfangreiche Prozesse der Konditionierung in ihnen verankerten Über-Ichs sind, das die Entfaltung ihres wahren Selbst dauernd gewaltsam verhindert, – sie würden vor Wut und Schmerz aufheulen, all ihre Privilegien augenblicklich fahren lassen und sich ganz der Befreiung ihres wahren Selbst widmen. Aber ach, die meisten wissen es nicht, ahnen es nicht einmal, aus schon genannten Gründen: sie haben den Verlust ihres wahren Selbst verdrängt.

Die wissenschaftliche Arbeit Alice Millers ergänzend, führt der Psychotherapeut Heinz Peter Röhr aus: „(...) Wurde das Herz des Kindes gebrochen, wurden seine Gefühle geraubt, besteht nun sein Dasein darin, eine funktionierende Marionette sein zu müssen, die auch dann den Vorgaben der Eltern gehorchen muß, wenn diese längst nicht mehr anwesend sind. Die frühe, extrem prägende Zeit, während der die Verletzung stattfand, verursacht nämlich eine verhängnisvolle Dynamik: Das Drama besteht darin, daß Menschen das, was die Eltern ihnen antaten, zukünftig sich selbst antun. Die Kälte, mit der die Eltern ihnen begegneten, die Mißachtung wahrer Bedürfnisse, das Verbergen von echten Gefühlen werden zum erworbenen Bestandteil der Persönlichkeit. Nur was gelebt werden kann und darf, kann sich auch entwickeln. Gefühle, die nicht gelebt werden dürfen, bei der narzißtischen Störung sind es insbesondere Wut- und Ärgergefühle, möglicherweise auch Angst und Schmerz, aber auch Lust und Freude, können sich nicht entwickeln und können auch nicht ‚kultiviert‘ werden. Anstelle des wahren Selbst entsteht das falsche Selbst.(...)“[64]

2

Auch auf die Gefahr hin, als hoffnungsloser Idealist oder Schlimmeres abgestempelt zu werden, und zwar von Vertretern aller politischen Lager, lege ich eine politische Konzeption vor, die eine Umstrukturierung des in Deutschland herrschenden politischen Systems vorsieht. Die entscheidende, in der Konzeption geforderte Neuerung besteht darin, ein weiteres politisches Organ – ich nenne es „Bundessenat“ – auf dem Spielfeld der hiesigen Demokratie zu etablieren, um ein Gegengewicht zum Parlament und zur

Regierung zu schaffen; ein politisches Organ, das dazu verpflichtet wäre, Regierung und Parlament bei der Ausübung
ihrer gesetzgebenden Macht fortwährend zu kontrollieren
und zu einer vernünftigen demokratischen Kompromißbildung zu zwingen

Die wichtigste Aufgabe des Bundessenats bestünde darin, die Verabschiedung demokratisch unausgewogener und
verfassungsrechtlich fragwürdiger Gesetzesentwürfe augenblicklich zu blockieren und dem Parlament umstandslos
zur weiteren Bearbeitung aufzuzwingen (für diese Zwecke
reichte es aus, den Bundessenat mit einem Vetorecht aus-
zustatten). Dadurch wären die Parlamentarier gezwungen,
ihre Entscheidungen stets auf der Grundlage der Verfassung
zu treffen und der Idee der richtigen Demokratie zu dienen,
d.h. grundsätzlich so lange um eine Entscheidung zu ringen,
bis ein politischer Kompromiß zustande kommt, der, um es
mit Hegel zu sagen, soweit wie nur irgend möglich die To-
talität aller gesellschaftlichen Momente abbildet, also die
Interessen aller Bevölkerungsschichten in ein möglichst
ausgewogenes Verhältnis bringt.

Damit das System der richtigen Demokratie funktionier-
te, würde der Bevölkerung vom Bundessenat und vom Parlament eine sichere Internetseite zur Verfügung gestellt, auf
der jeder Stimmberechtigte fortlaufend über gesellschaftlich
relevante Themen, die im Parlament verhandelt werden, abstimmen kann. Auf diese Weise wäre gewährleistet, daß der
Wille der Bevölkerung den Abgeordneten stets bekannt ist.

Um das Ganze zu veranschaulichen: die Basis dieses politischen Systems bildeten die indirekte Demokratie – Wahl des
Parlaments – und die direkte Demokratie – Wahl des Bundessenats –; die Mitte bildete eine Oligarchie, die aus all den
nach Einfluß strebenden Interessengruppen und Einzelin-
teressen bestünde, aus Unternehmen, Verbänden, mächtigen
Personen; die Spitze aber bildete der Bundessenat, also eine

durch direkte Wahlen demokratisch legitimierte Geistesaristokratie (vgl. Michael Wende, „Metaphysik und Mensch, Das System der Philosophie von Hegel und die Eröffnung der Möglichkeit des Menschen", III. Spezielle Metaphysik, 19. Grundlegung der philosophischen Rechts- und Staatstheorie, Aletheia-Verlag Berlin 1994, S. 259 unter 3.).

Das Aufgabengebiet des Bundessenats ließe sich, falls erforderlich und von der Bevölkerung für richtig befunden, zum Zweck der Stärkung der „demokratisch-freiheitlichen Grundordnung" selbstredend erweitern. Man könnte den Bundessenat etwa dazu verpflichten, folgende weitere Aufgaben anzugehen:

a) jede demokratiefeindliche Konzentration von Macht, wie die „Herrschaft des Kapitals", öffentlich anzuprangern und Regierung und Parlament dazu zu zwingen, die rechtliche(n) Voraussetzung(en) dafür zu schaffen, daß der Mißstand beseitigt werden kann (wie die „Corona"-Pandemie lehrt, muß dem Bundessenat auch die Möglichkeit offenstehen, es zuzulassen, daß bestehende Grundrechte in Krisenzeiten wie der heutigen vorübergehend außer Kraft gesetzt werden);

b) dafür Sorge zu tragen, daß in Deutschland ein nachkapitalistisches Wirtschaftssystem eingeführt werden kann, in dem nicht die Profitmaximierung an oberster Stelle steht, das ohne Spekulation funktioniert und ein ökologisch nachhaltiges Wirtschaften ermöglicht (den Finanzsektor könnte man als virtuelle Welt in Gänze ins Internet überführen, so daß jene, die davon nicht lassen können oder wollen, sich dort weiter betätigen und um virtuelles Geld spielen können, dem ein vorher festgelegter Realwert zugewiesen wird);

c) den Weg dafür zu bahnen, daß eine internationale Expertenkommission damit beauftragt werden kann, einen „Marshallplan zur Rettung der Erde" zu entwickeln;

d) darauf hinzuwirken, daß auf europäischer Ebene ein mit ähnlichen Rechten und Pflichten wie der Bundessenat ausgestatteter „EU-Senat" institutionalisiert werden kann;

e) Regierung und Parlament dazu zu zwingen, die Bürger durch die Schaffung einer entsprechenden gesetzlichen Grundlage vor (staatlicher) Überwachung zu schützen;

f) R.u.P. dazu zu zwingen, die gesetzliche Grundlage dafür zu schaffen, daß deutschlandweit mindestens zwei „autofreie Tage" in der Woche eingeführt werden können (für Rettungsdienste, Feuerwehren, Baustellenfahrzeuge, Lieferfahrzeuge und andere müssen natürlich Sonderregelungen geschaffen werden); denkbar wäre, allen, die an einem solchen Tag partout nicht aufs Autofahren verzichten wollen, die Möglichkeit zu einzuräumen, eine Sondererlaubnis für 1.000 €/24 h zu erwerben;

g) dafür zu sorgen, daß der Tierschutz ausgeweitet wird, Tierversuche möglichst ganz verboten werden und die durch Massentierhaltung und Massentierschlachtung industriell betriebene Fleischproduktion deutlich reduziert wird;

h) R.u.P. zu einer gerechten, demokratisch ausgewogenen Steuergesetzgebung zu zwingen;

i) dafür zu sorgen, daß die Steueroasen ausgetrocknet und effektive Umweltschutzmaßnahmen durchgesetzt werden können. (Die Aufzählung ist unvollständig.)

Darüber hinaus wäre es auch denkbar, den Bundessenat mit der Aufgabe zu betrauen, eine noch weitergehende Umstrukturierung des politischen Systems vorzunehmen, falls dies von der Bevölkerung gefordert wird. Man könnte etwa die momentan etablierte demokratisch-parlamentarische Praxis dahingehend verändern, in diese als leitendes Prinzip der Kompromißbildung die Dialektik zu integrieren, so daß die Parlamentarier zukünftig dazu gezwungen wären, aus den im Parlament verhandelten, notwendig einseitig verfaßten Thesen und Antithesen stets Synthesen zu generieren: – dies immer auf der Grundlage der Menschenrechte und der in der Verfassung garantierten Grundrechte. (In welcher Weise die Dialektik als leitendes Prinzip in die heute bestehende parlamentarische Praxis integriert würde, ließe sich vorab im Rahmen eines Modellprojekts konkretisieren.) Eine solche Umstrukturierung bedeutete aber eine so weitreichende Veränderung, daß ich darauf erst mal nicht weiter eingehe.

Um diese Aufgaben verwirklichen zu können, müßte der Bundessenat vom „Souverän", der Bevölkerung, mit folgenden Rechten und Befugnissen ausgestattet werden:

a) mit einem Vetorecht, durch das er jeglichen demokratisch unausgewogenen und verfassungsrechtlich fragwürdigen Regierungs- und Parlamentsbeschluß – auch vom Parlament beschlossene Verfassungsänderungen! – abschmettern, diese dem Parlament umstandslos zur weiteren Bearbeitung aufzwingen kann;

b) mit dem Recht, Regierung und Parlament für die Dauer zweier Legislaturperioden verbindliche Vorgaben zu machen, die der Stärkung der „freiheitlich-demokratischen Grundordnung" dienen und von R.u.P. innerhalb eines vorgegebenen Zeitraums zu erfüllen sind;

c) mit dem Recht zur Verhängung von Sanktionen, sofern R.u.P. die Vorgaben innerhalb des gesetzten Zeitraums nicht erfüllen. Denkbar wäre etwa, Parteien oder einzelne Abgeordnete für den Versuch, die Verwirklichung dieser Vorgaben zu hintertreiben, von der parlamentarischen Arbeit und Mitbestimmung für einen jeweils festzulegenden Zeitraum auszuschließen oder, bei besonders dreisten Verletzungen, für die gesamte Legislaturperiode. (Die Härte der Sanktionen bemißt sich an der Wichtigkeit einer Vorgabe für das Gemeinwohl. Wenn zum Beispiel die Überwindung des kapitalistischen Systems und die Einführung eines neuen

Wirtschaftssystems von den Mitgliedern des Bundessenats
mit dem Etikett „höchste Priorität" versehen wird, müssen
auch die Sanktionen für die versuchte Hintertreibung der
Verwirklichung der Vorgabe(n) am höchsten ausfallen);

und d) mit der Befugnis, eine Stiftung aus steuerlichen
Mitteln zu unterhalten, die der Finanzierung der Bezüge des
Bundessenats dient.

3

Daß man für die Verwirklichung dieser Konzeption einige
Korrekturen und Ergänzungen in der Verfassung vorneh-
men müßte, spricht nicht gegen die Konzeption: denn das
Grundgesetz der BRD wurde ja von den Urhebern ausdrücklich nicht als ein unveränderlicher monolithischer Block
geschaffen. Es muß vielmehr als eine in Teilen änderbare
Fassung verstanden werden, sofern die vorgenommenen
Änderungen die „freiheitlich-demokratische Grundordnung" stärken.

Dieses Recht zur Änderung des GG wird daher durch den
Art. 79 auch verbürgt. Der Art. 146 sieht außerdem vor, daß
über eine Neufassung des GG durch eine Volksabstimmung
entschieden werden kann. Die unter 2) dargestellte Umstrukturierung des politischen Systems könnte also unter
der Voraussetzung, daß alle weiteren in der Verfassung fest-
gelegten Vorgaben erfüllt sind, durch einen bundesweiten
Volksentscheid in Kraft gesetzt werden.

(Es ist mir natürlich bewußt, daß man diese Konzepti-
on angesichts der politisch-ökonomischen Weltlage als das
Werk eines hoffnungslosen Idealisten abqualifizieren wird.
Mir geht es aber darum, in dieser scheißreaktionären Zeit
eine Lanze für die Demokratie zu brechen und dadurch zu-
gleich eine konstruktive Kritik an den in Deutschland und
Europa zementierten Machtverhältnissen auszuformulieren.
Ich hoffe, daß der eine oder die andere durch die Konzepti-

on inspiriert und vielleicht sogar dazu motiviert wird, sie zu verbessern oder eine bessere Konzeption zu entwickeln.)

Ich gehe davon aus, daß in einer richtigen Demokratie ein vernünftiges und den heutigen Gegebenheiten Rechnung tragendes In-Relation-Setzen der Grundrechte vorgenommen werden wird. So ist es zum Beispiel aus ökologischer Sicht längst unabdingbar, die massenhafte Autofahrerei in Deutschland, gerade auch in Großstädten und Ballungszentren, deutlich zu reduzieren. Nur wie? Auf welcher rechtlichen Grundlage? Ich denke, daß das Recht auf körperliche Unversehrtheit höher einzustufen ist, als das Recht, jederzeit Auto fahren zu dürfen. Und zwar, weil es evident ist, daß mehr Menschen in Deutschland an der Aufrechterhaltung ihrer Gesundheit interessiert sind, als Menschen existieren, die jederzeit Auto fahren wollen (das genaue Verhältnis ließe sich durch eine bundesweite Abstimmung eruieren). Abgesehen davon ist der Staat laut Verfassung ohnehin dazu verpflichtet, die körperliche Unversehrtheit der in der BRD lebenden Menschen zu gewährleisten. Entsprechend müßten in einer richtigen Demokratie mindestens zwei autofreie Tage in der Woche eingeführt werden.

An diesem Beispiel wird einmal mehr deutlich, daß die Etablierung einer richtigen Demokratie im Kapitalismus ausgeschlossen ist. Denn unter den Bedingungen der Herrschaft des kapitalistischen Systems ist eine vernünftige Auslegung und Anwendung des GG, wie soeben beschrieben, unmöglich, weil Politik und Staat in erster Linie den Interessen der Wirtschaft dienen, etwa denen der Automobilindustrie.

Man mag dies als eine unausweichliche Gegebenheit ansehen, ich tue es nicht. Vielmehr halte ich die Einbettung des Staats in das kapitalistische System seit der Einführung des GG für fragwürdig, weil es jenem Grundsatz widerspricht, der verlangt, daß der Staat „um des Menschen willen da sein“ muß (z.B. JöR 1951, 48; ebenso Herdegen MD 1; Starck MKS 12). Genauer gesagt: da die Garantie der Menschenwürde samt dem Grundrecht auf körperliche Unversehrtheit vom Staat gewährleistet werden müssen, müßte sich dieser, strenggenommen, für die Etablierung eines ökonomischen Systems einsetzen, das mit den genannten Grundrechten ohne Wenn und Aber vereinbar ist (diese Feststellung wird man als Verfassungslyrik abtun).

Die vorgeschlagene Umstrukturierung des politischen Systems widerspricht auch nicht der im GG vorgenommenen Normierung der Abgeordneten als „Vertreter des ganzen Volkes“. Denn das Repräsentationsprinzip würde durch die Etablierung des Bundessenats nicht etwa eingeschränkt oder gar abgeschafft, sondern optimiert. Erstmals wäre gewährleistet, daß die Abgeordneten nicht nur den Interessen einiger weniger einflußreicher Institutionen dienen, sondern ihrer Verpflichtung nachkommen, der gesamten Bevölkerung zu dienen. Das „Übergewicht der Regierung bei der Gesetzgebung“[65] bliebe zwar erhalten, doch wäre die Regierung erstmals gezwungen, die Gesetzesvorlagen inhaltlich nicht nur am Willen der Regierungsmehrheit zu orientieren, sondern in diesen immer die Interessen der Gesamtbevölkerung zu berücksichtigen (die, versteht sich, im Zweifel stets durch eine bundesweite Abstimmung ermittelt werden können).

Und eine derartige Stärkung des demokratischen Systems erscheint heute, angesichts der politisch-ökologisch-ökonomischen Krisensituation und dem Umstand, daß die Interessen eines Großteils der Bevölkerung unter den Bedingungen der Herrschaft der repräsentativen Demokratie erwiesenermaßen nicht oder nur bedingt durchgesetzt werden können, von um so größerer Dringlichkeit, ja als unumgänglich. Oder will jemand irgendwann die Verantwortung dafür übernehmen, der Etablierung eines neofaschistischen Systems in Deutschland durch Ignoranz und Untätigkeit Vorschub geleistet zu haben?

Abschließend noch einige grundsätzliche Erwägungen zum Thema „direkte Demokratie". Da es sich bei den Artikeln der Verfassung nicht um Empfehlungen irgendeiner Ethikkommission handelt, sondern um verbindliche Normen und Grundrechte, müssen sie auch als solche verstanden und befolgt und entsprechend in politisches und staatliches Handeln umgesetzt werden.

Ich denke, daß aus der starken Betonung der Grundrechte, der in Art. 20 verbürgten Volkssouveränität, also aus dem Recht zur „freien Selbstbestimmung aller Bürger" (BverfGE 44, 125/142; 107, 59/92), sowie aus dem Grundsatz, daß die Staatsgewalt nur vom Volk ausgeht und nur vom Volk ausgeübt werden darf, die Verpflichtung abzuleiten ist, der Bevölkerung eine möglichst weitreichende politische Einflußnahme zu ermöglichen. Und hierzu gehört in einer (richtigen) Demokratie eben auch die Möglichkeit direkter Willensäußerungen.

Daher sind Staat und Politik gehalten, der Bevölkerung auch auf Bundesebene eine politische Struktur zur Verfügung zu stellen, die Wahlen und Abstimmungen auf direktem Weg ermöglicht. Nur, wenn die Bevölkerung im Rahmen einer Volksabstimmung ausdrücklich auf die Inanspruchnahme direkter Willensäußerungen verzichtet, dürfen Staat und Politik eine politische Struktur etablieren, die den Weg direkter Willensäußerungen ausspart.

4

Ob der Bundessenat als neues politisches Organ samt den unter 2) aufgelisteten Rechten und Pflichten in Deutschland ins Leben gerufen werden soll, kann und darf also als verfassunggebende Gewalt in letzter Instanz nur die deutsche

Bevölkerung entscheiden, durch einen bundesweit durchgeführten Volksentscheid. Stimmt die Mehrheit dafür (einfache Stimmenmehrheit genügt), muß der Gesetzgeber die rechtlichen und politischen Voraussetzungen dafür schaffen, daß der Bundessenat als neues politisches Organ mit allen Rechten institutionalisiert werden kann.

Der Bundessenat besteht aus acht Mitgliedern, vier Frauen und vier Männern, die für die Dauer von acht Jahren von allen Wahlberechtigten direkt gewählt werden. Die Voraussetzungen für eine Kandidatur sind: Partei- und Konfessionslosigkeit; ein hohes geistiges Niveau sowie eine große persönliche Integrität; keine Schulden oder andere Verpflichtungen gegenüber Dritten; ein Mindestalter von 35 Jahren.

Außerdem müssen alle Bewerber für dieses Amt ein „studium speciale" absolviert haben, in dem sie a) in Grundlagen der Philosophie, Psychologie, Ökonomie und Geschichte geschult werden; b) in den Bereichen Politik und Verfassungsrecht geschult werden; c) die Kunst der Rede erlernen, u.a. Stegreifrede und Debating; d) gutes Deutsch und Englisch erlernen; e) sich einer Gruppentherapie mit körpertherapeutischer Ausrichtung unterziehen (Sinn und Zweck dieser Maßnahme ist es, die soziale Kompetenz, das Einfühlungsvermögen und die Fähigkeit der Teilnehmer, Konflikte gewaltfrei und konstruktiv zu lösen, zu verbessern).

Über die Aufnahme der Bewerber entscheidet ein Eignungstest, ein IQ- und EQ-Test sowie ein psychologischer Test. Das Studium ist kostenfrei, geeignete Bewerber können ein Stipendium beantragen. Um Transparenz zu gewährleisten, müssen die Mitglieder des Bundessenats jeden dritten Monat in einer Sondersendung auf ARD oder ZDF Rechenschaft ablegen und sich den Fragen der „vierten Gewalt" stellen.

Nach der politisch-gesellschaftlichen Verwirklichung

einer der von ihnen gemachten Vorgaben setzen sie einen anderen Punkt auf die politische Agenda, der im Sinn der demokratischen Gerechtigkeit verbesserungswürdig ist. Sobald sie ein politisches Konzept ausgearbeitet haben, in dem aufgezeigt wird, auf welche Weise der gesellschaftliche Mißstand behoben werden soll, übergeben sie es dem Bundesverfassungsgericht, das die Verfassungsgemäßheit prüft. Das Bundesverfassungsgericht fungiert nicht nur als Kontrollinstanz, sondern arbeitet dem Bundessenat bei Bedarf auch zu.

Bevor man gleich mit Einwänden kommt, erwäge man zuerst die Vorteile der hier vorgeschlagenen Umstrukturierung des politischen Systems (die Einsicht, daß das kapitalistische System ausgedient hat, setze ich hier voraus).

A) Alle demokratischen Grundprinzipien und Grundrechte blieben erhalten; man hätte das System von innen her „revolutioniert", ohne die vielen Unwägbarkeiten in Kauf nehmen zu müssen, die ein revolutionärer Umsturz mit sich bringt.

B) Indem man indirekte Demokratie – Wahl des Parlaments – und direkte Demokratie – Wahl des Bundessenats – kombinierte, stärkte man die „freiheitlich-demokratische Grundordnung".

C) Erstmals in der Geschichte der BRD würde der Art.1 „Die Würde des Menschen ist unantastbar. Sie zu achten und zu schützen ist Verpflichtung aller staatlichen Gewalt" politisch verwirklicht, hätte der Staat die ihm durch das Grundgesetz zugewiesene Aufgabe, „um des Menschen willen da zu sein"[66], wenigstens strukturell eingelöst. Die Herrschenden stünden somit von Anfang an vor dem Problem, mit welchem Recht sie eine Umstrukturierung des Systems ablehnen und bekämpfen sollen, die faktisch der Stärkung der „freiheitlich-demokratischen Ordnung" dient.

D) Viele der Fähigsten, zur politischen Vertretung der

Gesellschaft Geeignetsten, würden sich mit der Institutionalisierung des Bundessenats erstmals der Politik zuwenden, ein Amt als Bundessenator anstreben. (Es wird immer einzelne geben, die wegen ihrer geistigen Ausstattung und anderer glücklicher Umstände besonders geeignet sind, die Mehrheit nach innen und außen politisch zu vertreten und Vorbildfunktion zu übernehmen.)

E) Durch die Etablierung des Bundessenats würde das Ideal der geistigen Selbstverwirklichung wieder aufgerichtet, der Individualismus gestärkt und der scheußlichen Vermassung des hypermodernen Menschen entgegengewirkt.

F) Mit dem Beginn einer vernunftgemäßen politisch-ökonomischen Gesellschaftstransformation würden sich viele moral- und politikbedingte Depressionen der Bevölkerung, etwa die vielzitierte „Politikverdrossenheit", in Luft auflösen, weil eine (zumindest teilweise) Identifikation mit Politik – der Kunst, ein Gemeinwesen oder eine Organisation zu führen und nach außen zu vertreten – wieder möglich, das politische Feld wieder interessant würde. Auch die sich im Zuge der neoliberalen Globalisierung immer weiter beschleunigende Zersplitterung der Gesellschaft in gänzlich apolitische (Interessen-)Gruppen und abstruse Parallelwelten würde verlangsamt oder sogar ganz aufgehalten, vielleicht entstünde sogar so etwas wie eine kollektive Aufbruchstimmung.

G) Wer als erster damit beginnt, ein nachkapitalistisches ökonomisches System politisch-gesellschaftlich zu etablieren, kommt auch als erster aus der dadurch zunächst notwendig entstehenden ökonomischen Talsohle heraus.

5

Das Ganze bedarf einiger Erläuterungen und Ergänzungen. Zur Erinnerung: die Konzeption ist an erster Stelle als eine konstruktive Kritik an den hierzulande bestehenden, nicht zuletzt durch die Verfassung zementierten Machtverhältnissen zu verstehen.

Man mag einwenden, daß es den Mitgliedern des Bundessenats zwangsläufig am nötigen Fachwissen mangeln werde, um alle Gesetzesvorschläge hinreichend beurteilen zu können. Ein solcher Einwand griffe zu kurz, weil der Bundessenat nicht über inhaltliche Details abstimmen soll, sondern ausschließlich über die demokratische Ausgewogenheit und Verfassungsgemäßheit der Gesetzesbeschlüsse.

Man wird einwenden, daß das politische System mit der Etablierung des Bundessenats lahmgelegt werde, weil der politische Entscheidungsspielraum dann viel zu eng bemessen sein werde, so daß, unter anderem, Mehrheitsbeschlüsse nicht mehr durchsetzbar seien. Das ist nur insofern richtig, als demokratisch unausgewogene Beschlüsse dann nicht mehr durchsetzbar sein werden. Es fällt sicher schwer, sich an den Gedanken zu gewöhnen, daß das demokratische Grundprinzip der Berücksichtigung der Interessen der Gesamtbevölkerung in einer richtigen Demokratie über allem steht, auch über den Interessen der Industrie.

Darüber hinaus wird man noch viele weitere „gute Gründe" anführen, die gegen die politische Konzeption sprechen: die ökonomischen Zwänge etwa, die Gefahr des Terrorismus, die Politik der USA, Rußlands usw. usf.: Gründe lassen sich schließlich für alles finden (Hegel)!

Eine der Ursachen dafür, daß auch dieser Vorschlag auf großen Widerstand stoßen wird, ist psychologischer Natur. Es liegt daran, daß die Bevölkerungsmehrheit – gerade auch der Teil, der nur wenig oder nichts besitzt – von einer tiefsitzenden Angst vor Veränderung beherrscht wird. Weshalb? Begegnete man politischen Konzepten, die eine größere Selbstbestimmung des einzelnen in Aussicht stellen, unvoreingenommen, bestünde auch die Gefahr, daß die mühsam errichteten psychischen Abwehrmechanismen geschwächt werden und man mit den verdrängten Traumata in Berührung kommt, – und genau das will man um jeden Preis verhindern! Und wenn man an den Folgen erstickt!

Diese Dynamik der psychischen Abwehr vollzieht sich in allen gesellschaftlichen Schichten, also unabhängig davon, ob man etwas besitzt und in welche Klasse man hineingeboren wurde. „(...) Doch wer ist es eigentlich, der eifrig dafür sorgt, daß die Normen der Gesellschaft eingehalten werden, der die Andersdenkenden verfolgt, ans Kreuz schlägt – wenn nicht die richtig erzogenen Menschen? Es sind Menschen, die ihren seelischen Tod schon in ihrer Kindheit zu akzeptieren lernten und ihn erst spüren, wenn sie in den Kindern oder Jugendlichen dem Leben begegnen. Dann muß dieses Lebendige umgebracht werden, damit es sie nicht an ihren eigenen Verlust erinnert.(...)“[67]

Dieses „Umbringen des Lebendigen“ – das „Umbringen“ gesellschaftlich unerwünschter Gefühle, Gedanken, Ideen, – wird von den Wächtern und Vollstreckern der herrschenden Moral: den Eltern, Erziehern und anderen Erfüllungsgehilfen gesellschaftlicher Gewalt, fortwährend an allem verübt, was der herrschenden Meinung und den herrschenden Interessen widerspricht. Aus dieser Dynamik speist sich der irrationale Widerstand, der jedem noch so sinnvollen Veränderungsvorschlag seit jeher entgegensteht, entgegenwirkt.

Das ist die schlechte Nachricht. Die gute lautet: angesichts dessen ist die moralbedingte Dauerkrise gar nichts Negatives, sondern etwas durchaus Positives! Der gewaltige Arschtritt nämlich, der die Bevölkerung aus ihrem Dämmerzustand reißen könnte, der jeden mahnt und dazu ermuntert, sich endlich um die Befreiung des wahren Selbst zu kümmern, den Ausbruch aus dem inneren, aus Werten unsichtbar geschmiedeten Gefängnis – dem „Gehäuse der

Krise" (vgl. Band I), dem Über-Ich, dem falschen Selbst – in die Tat umzusetzen.

Was ist die Dauerkrise? Das unübersehbare Zeichen dafür, daß das patriarchal geprägte Wertesystem ausgedient hat, daß es allerhöchste Zeit ist, mit der Überwindung der herrschenden moralischen Struktur und mit der Überwindung des kapitalistischen Systems Ernst zu machen. Sie ist die dauernde Mahnung und Warnung, die jeden vor die Wahl stellt: Umkehr – oder Untergang. Selbstbestimmung – oder Knechtschaft. Aufbau einer lebensbejahenden und naturbewahrenden Kultur und Gesellschaft – oder Verwüstung der Natur und Menschennatur.

So gesehen, erfüllt die Dauerkrise einen tiefen, überlebenswichtigen Sinn; und vielleicht versteht man jetzt auch, wozu es einen Bundessenat geben soll? Geben muß? Es sind im westlichen Kulturkreis seit jeher einzelne gewesen, die der großen Zahl vorangegangen sind. Und es wäre in der heutigen politisch-ökonomisch-ökologisch äußerst prekären Situation höchst wünschenswert, wenn die zur politischen Vertretung und Führung der Gesellschaft Geeignetsten das Ruder in die Hand nähmen, es wenigstens nicht in Gänze den Unberufenen überließen.

Denn auch die heute Herrschenden sind eben nur Unterworfene, dem System Hörige, diesem auf Gedeih und Verderb Ausgelieferte. Auch sie sind, und gerade sie!, nichts weiter als Rädchen im Räderwerk, willfährige Funktionsträger, die jene von ihren Vorfahren und Eltern gewaltsam in sie gesetzten „asozialen Normen" dauernd zwanghaft erfüllen.

Umgekehrt scheint die Überzeugung, von übermächtigen Drahtziehern beherrscht zu werden, so tief in der Kollektivpsyche verankert zu sein, daß es dem Gros der Bevölkerung noch gar nicht aufgefallen ist, daß es gar keine mächtigen einzelnen mehr gibt, wie einst in Ägypten oder Hellas, sondern nur noch Sklaven des Systems, von denen einige freilich überdurchschnittlich entlohnt werden oder überdurchschnittlich viel besitzen.

Das Fatale ist: beide, Herrschende und Beherrschte, bestätigen sich einander fortwährend in längst überlebten Rollenklischees, wollen und können auch in der Dauerkrise nicht voneinander lassen. Statt die Chance zu ergreifen, sich aus der unsinnigen gegenseitigen Rollenzuweisung ein für allemal zu entlassen und aus dem herrschenden System gemeinsam auszusteigen, konservieren sie die Krise durch das krampfhafte Festhalten am Status quo.

Statt die Verwüstung der „Wildnatur" (C. P. Estés) des Menschen augenblicklich zu beenden, wird auch weiterhin damit fortgefahren, sie durch eine vermeintlich oder vorgeblich bessere „zweite Natur" zu ersetzen, sie den herrschenden gesellschaftlichen Verhältnissen und Werten entsprechend zu „optimieren". Und ein wesentlicher Bestandteil dieser „Optimierung" ist und bleibt nun einmal der kollektiv organisierte Kindesmißbrauch, die gesellschaftlich sanktionierte „Opferung des Kinds" (A. Miller) im Namen der Erziehung; die blindwütige Fortführung jenes steinalten patriarchalen Initiationsrituals, das dazu dient, das „wahre Selbst" durch das „falsche Selbst" zu ersetzen.

Daher müssen nicht nur die unterdrückten Klassen, sondern beide, Herrschende und Beherrschte, von den Ketten des Systems befreit werden, müssen sich selbst von diesen Ketten befreien, auf individuell-psychischer und politisch-gesellschaftlicher Ebene. Gerade auch den Herrschenden sei's nochmals gesagt: der Preis für die Teilhabe an der Macht ist euer Leben, euer wirkliches Leben und euer wirkliches Selbst; jenes Leben, um das ihr von euren Eltern betrogen wurdet, weil auch eure Eltern schon um ihr eigenes Leben und um ihr Selbst betrogen und frühzeitig zu empathielosen Marionetten der Macht umfunktioniert worden sind.

Daß die Dauerkrise eine – letzte? – Mahnung zur Umkehr
ist, ein ans Kollektiv gerichteter gewaltiger Aufruf gleichsam, der alle dazu anhält, die herrschende Moral zu überwinden und das herrschende System zu modifizieren; und
daß die Herrschenden und ihre betriebsblinden Erfüllungsgehilfen die Zeichen der Zeit, die unübersehbar anzeigen,
daß zum mindesten das herrschende ökonomische System ausgedient hat, dennoch ignorieren: das ist allerdings
eine gespenstische, vollends grotesk anmutende (welt-)ge-
schichtliche Situation.

Es bleibt zu hoffen, daß es einmal eine Generation geben
wird, die, beim Blick in die Geschichtsbücher, über den heutigen, zur Normalität verklärten Wahnsinn nur staunend
den Kopf schütteln wird. Und es liegt an uns, letztlich an jedem einzelnen, den „Aufbruch aus der Krise" zu wagen und
zu gestalten, damit es eine solche Generation einmal geben
kann.

Anhang I. Blaubart (nach den Brüdern Grimm)

In einem Walde lebte ein Mann, der hatte drei Söhne und eine schöne Tochter. Einmal kam ein goldener Wagen mit sechs Pferden und einer Menge Bedienten angefahren, hielt vor dem Haus still, und ein König stieg aus und bat den Mann, er möchte ihm seine Tochter zur Gemahlin geben. Der Mann war froh, dass seiner Tochter ein solches Glück widerfuhr, und sagte gleich ja; es war auch an dem Freier gar nichts auszusetzen, als dass er einen ganz blauen Bart hatte, so dass man einen kleinen Schrecken kriegte, sooft man ihn ansah. Das Mädchen erschrak auch anfangs davor und scheute sich, ihn zu heiraten, aber auf Zureden ihres Vaters willigte es endlich ein. Doch weil es so eine Angst fühlte, ging es erst zu seinen drei Brüdern, nahm sie allein und sagte: „Liebe Brüder, wenn ihr mich schreien hört, wo ihr auch seid, so lasst alles stehen und liegen und kommt mir zu Hülfe." Das versprachen ihm die Brüder und küssten es. „Leb wohl, liebe Schwester, wenn wir deine Stimme hören, springen wir auf unsere Pferde und sind bald bei dir."

Darauf setzte es sich in den Wagen zu dem Blaubart und fuhr mit ihm fort. Wie es in sein Schloss kam, war alles prächtig, und was die Königin nur wünschte, das geschah, und sie wären recht glücklich gewesen, wenn sie sich nur an den blauen Bart des Königs hätte gewöhnen können, aber immer, wenn sie den sah, erschrak sie innerlich davor. Nachdem das einige Zeit gewährt, sprach er: „Ich muss eine große Reise machen, da hast du die Schlüssel zu dem ganzen Schloss, du kannst überall aufschließen und alles besehen, nur die Kammer, wozu dieser kleine goldene Schlüssel gehört, verbiet ich dir; schließt du die auf, so ist dein Leben verfallen."

Sie nahm die Schlüssel, versprach ihm zu gehorchen, und als er fort war, schloss sie nacheinander die Türen auf und sah so viel Reichtümer und Herrlichkeiten, dass sie meinte, aus der ganzen Welt wären sie hier zusammengebracht. Es war nun nichts mehr übrig als die verbotene Kammer, der Schlüssel war von Gold, da gedachte sie, in dieser ist vielleicht das Allerkostbarste verschlossen; die Neugierde fing an, sie zu plagen, und sie hätte lieber all das andere nicht gesehen, wenn sie nur gewusst, was in dieser wäre. Eine Zeitlang widerstand sie der Begierde, zuletzt aber ward diese so mächtig, dass sie den Schlüssel nahm und zu der Kammer hinging: „Wer wird es sehen, daß ich sie öffne", sagte sie zu sich selbst, „ich will auch nur einen Blick hineintun."

Da schloss sie auf, und wie die Türe aufging, schwamm ihr ein Strom Blut entgegen, und an den Wänden herum sah sie tote Weiber hängen, und von einigen waren nur die Gerippe noch übrig. Sie erschrak so heftig, dass sie die Türe gleich wieder zuschlug, aber der Schlüssel sprang dabei heraus und fiel in das Blut. Geschwind hob sie ihn auf und wollte das Blut abwischen, aber es war umsonst, wenn sie es auf der einen Seite abgewischt, kam es auf der ändern wieder zum Vorschein; sie setzte sich den ganzen Tag hin und rieb daran und versuchte alles mögliche, aber es half nichts, die Blutflecken waren nicht herabzubringen; endlich am Abend legte sie ihn ins Heu, das sollte in der Nacht das Blut ausziehen.

Am andern Tag kam der Blaubart zurück, und das erste war, dass er die Schlüssel von ihr forderte; ihr Herz schlug, sie brachte die andern und hoffte, er werde es nicht bemerken, dass der goldene fehlte. Er aber zählte sie alle, und wie er fertig war, sagte er: „Wo ist der zu der heimlichen Kammer?" Dabei sah er ihr in das Gesicht.

Sie ward blutrot und antwortete: „Er liegt oben, ich habe ihn verlegt, morgen will ich ihn suchen." „Geh lieber gleich, liebe Frau, ich werde ihn noch heute brauchen."

„Ach ich will dir's nur sagen, ich habe ihn im Heu verloren, da muß ich erst suchen."

„Du hast ihn nicht verloren“, sagte der Blaubart zornig, „du hast ihn dahin gesteckt, damit die Blutflecken herausziehen sollen, denn du hast mein Gebot übertreten und bist in der Kammer gewesen, aber jetzt sollst du hinein, wenn du auch nicht willst.“

Da musste sie den Schlüssel holen, der war noch voller Blutflecken. „Nun bereite dich zum Tode, du sollst noch heute sterben“, sagte der Blaubart, holte sein großes Messer und führte sie auf den Hausehrn.

„Laß mich nur noch vor meinem Tod mein Gebet tun“, sagte sie.

„So geh, aber eil dich, denn ich habe keine Zeit lang zu warten.“

Da lief sie die Treppe hinauf und rief, so laut sie konnte, zum Fenster hinaus: „Brüder, meine lieben Brüder, kommt, helft mir!“

Die Brüder saßen im Wald beim kühlen Wein, da sprach der jüngste: „Mir ist, als hätt’ ich unserer Schwester Stimme gehört; auf! wir müssen ihr zu Hülfe eilen!“

Da sprangen sie auf ihre Pferde und ritten, als wären sie der Sturmwind. Ihre Schwester aber lag in Angst auf den Knien; da rief der Blaubart unten: „Nun, bist du bald fertig?“

Dabei hörte sie, wie er auf der untersten Stufe sein Messer wetzte; sie sah hinaus, aber sie sah nichts als von Ferne einen Staub, als kam eine Herde gezogen. Da schrie sie noch einmal: „Brüder, meine lieben Brüder! kommt, helft mir!“ Und ihre Angst ward immer größer.

Der Blaubart aber rief: „Wenn du nicht bald kommst, so hol ich dich, mein Messer ist gewetzt!“

Da sah sie wieder hinaus und sah ihre drei Brüder durch das Feld reiten, als flögen sie wie Vögel in der Luft, da schrie sie zum drittenmal in der höchsten Not und aus allen Kräften: „Brüder, meine lieben Brüder! kommt, helft mir!“ Und der jüngste war schon so nah, daß sie seine Stimme hörte:

„Tröste dich, liebe Schwester, noch einen Augenblick, so sind wir bei dir!“

Der Blaubart aber rief: „Nun ist's genug gebetet, ich will nicht länger warten, kommst du nicht, so hol ich dich!“

„Ach! nur noch für meine drei lieben Brüder laß mich beten.“ Er hörte aber nicht, kam die Treppe heraufgegangen und zog sie hinunter, und eben hatte er sie an den Haaren gefaßt und wollte ihr das Messer in das Herz stoßen, da schlugen die drei Brüder an die Haustüre, drangen herein und rissen sie ihm aus der Hand, dann zogen sie ihre Säbel und hieben ihn nieder. Da ward er in die Blutkammer aufgehängt zu den andern Weibern, die er getötet, die Brüder aber nahmen ihre liebste Schwester mit nach Haus, und alle Reichtümer des Blaubarts gehörten ihr. (Quelle: Wikisource)

Anhang II. Bücher für Alle & Keinen. Grundlegungen einer neuen Kultur. Manifest

1) In der Reihe „Bücher für Alle & Keinen“ wird philosophische Literatur veröffentlicht, die jenseits von links, rechts und bürgerlicher Mitte angesiedelt und ideologiefrei verfaßt ist. Richtige Philosophie eben, vorgetragen in einem originalen Stil. Entsprechend habe ich den Namen Bücher für Alle & Keinen für diese Reihe gewählt. Die Bücher werden im Philosophieblog wir-sind-krise.de publiziert. (Die Texte wurden ohne KI erstellt.)

2) Zur Erinnerung: Was bedeutet Philosophie? Liebe zur Weisheit. Weshalb ein Philosoph ein geistig Schaffender ist, der mit der weiblichen Personifikation der Weisheit, der Sophia, in Liebe verbunden ist und zeitlebens um eine weise Lebensführung ringt. Es bedeutet heute wie ehedem vor allem eines: Werde, der du bist. Also: Emanzipiere dich von dem, was nicht zu deinem „wahren Selbst“ (Alice Miller) gehört, – und strebe nach geistiger Selbstentfaltung, Selbstvervollkommnung.

3) Geist ist mehr als Verstand und Vernunft. „Geist“ bezeichnet zum einen das schöpferische Vermögen einzelner zur Schaffung eigener Werte und originaler Werke sowie zur Schaffung überindividueller Werte und Wertesysteme; zum anderen das schöpferische Vermögen einzelner, im „psychischen Weltinnenraum“ (Erich Neumann) eine energetisch hoch schwingende und ans All rückgebundene spirituelle Welt zu entwickeln und zu kultivieren. Eine individuell geschaffene Welt, die dennoch immer über den einzelnen hinausweist.

4) Der patriarchale Vatergott „ist tot“ (Nietzsche) und wünscht angesichts der zahllosen Kapitalverbrechen, die man in seinem Namen verübt hat, nur noch eines: in Frieden zu ruhen.

5) Die Politik ist auch tot.

6) Der Journalismus ist sich in diesem Punkt noch nicht sicher.

7) Das große menschenverursachte Sterben ist in vollem Gang; parallel dazu schwillt das Geschrei auf der „Affeninsel" (R. Musil) immer weiter an.

8) Ich habe das Werk Nietzsches in Teilen aufgenommen und weitergeführt, vertrete aber eine seinem Wollen entgegengesetzte philosophische Position. Wo er dazu aufruft, die „arische Herrenmoral" wiederaufzurichten, also ein weiteres patriarchal-aristokratisches Herrschaftssystem zu etablieren, rate ich dazu, das patriarchale Werte- und Ichbewußtseinssystem zu überwinden und damit zu beginnen, ein nachpatriarchales und nachkapitalistisches System ins Leben zu rufen. Wie dies gelingen kann, lege ich im Essay „Wir sind Krise" dar.

9) Sämtliche Schriften sind psychologisch, historisch und kulturwissenschaftlich fundiert. Grundsätzlich dienen die Publikationen dem Zweck, darüber aufzuklären, daß das patriarchal-kapitalistische Herrschaftssystem aus philosophisch-psychologischer Sicht ausgedient hat und daß die einzelnen dazu aufgerufen sind, die in ihnen moral- und dressurbedingt klaffende psychische Spaltung wenn schon nicht zu überwinden, so doch wenigstens zu mildern, um die Schaffung einer nachpatriarchalen Kultur überhaupt „ins Auge fassen zu können" (Nietzsche).

10) Da die in Deutschland und Europa Herrschenden aber am alten System wider alle Vernunft gewaltsam festhalten, ja sich sogar daran machen, autoritäre oder sogar totalitäre Systeme zu etablieren, sah ich mich dazu gezwungen, eine harte System- und Moralkritik auszuformulieren. Im Essay „Wir sind Krise" zeige ich auf, wie die sich nunmehr bereits rasant vollziehende System- und Gesellschafts-transformation, der philosophisch-psychologischen Vernunft gemäß, gestaltet werden kann.

11) In der Reihe Bücher für Alle & Keinen werden bis auf weiteres vier Arbeiten publiziert:

• Der Wissenschaftsessay „Wir sind Krise", eine philosophische Systemkritik und Deutung der Krise, der in zwei Bänden erscheint und aufzeigt, wie die Dauerkrise, die sich in den hypermodernen westlichen Zivilisationen festgesetzt hat, zustande kommt und wie sie überwunden werden kann.

• Der Essay „Die Weite der Welt", in dem ich Sein und Wahrheit in einen, wie ich denke, überraschenden Zusammenhang gestellt und den ich durch Gedichte vervollkommnet habe. „Die Weite der Welt", Gedichte und philosophischer Essay in einem.

• Das Buch „Das Mensch-Ding. Eine Kritik des organisierten Irrsinns", in dem ich zwei Bände nebeneinanderstelle. Zum einen die philosophische Satire „Sakrilege, eine Metaphysik- und Ideologiekritik", die aus wilder philosophischer Literatur besteht, aus Kurzessays, Lesedramen und einigen lyrischen Stücken; zum anderen eine Sammlung von Epigrammen und Kurzgedichten mit dem bezeichnenden Titel „Notwehr. Anmerkungen eines ‚Targeted Individual'" (vgl. icator.be und targetedjustice.com), in der ich die Kritik der Herrschenden anhand aktueller Machenschaften konkretisiere.

• Die poetische Philosophie „Wandlung", in der ich das über gut zwei Jahrzehnte willentlich vollzogene innere Wandlungsgeschehen in plastisch-bildhafter Weise dargestellt und im Ergebnis ein philosophisches Kulturgemälde geschaffen habe, das den inneren Ausstieg eines Individuums aus dem patriarchalen Ichbewußtseinssystem sowie die Entstehungs- und Schaffensweise eines nachpatriarchalen Ich-Selbst-Bewußtseinssystems illustriert.

Anmerkungen

1) Alice Miller, Du sollst nicht merken. Die Realität der Kindheit und die Dogmen der Psychoanalyse, C Warum wird die Wahrheit zum Skandal?, C 7 Facetten des falschen Selbst, S. 244.

2) Alice Miller, Evas Erwachen, Quelle: www.wikipedia.de, Schwarze Pädagogik, Geschichtlicher Hintergrund.

3) Ernst Jünger, Auf den Marmorklippen, Ullstein-Verlag 2010, S. 93 f.

4) Hans Ulrich Gresch, Hypnose. Bewußtseinskontrolle. Manipulation, Bewußtseinskontrolle durch Persönlichkeitsspaltung, Teil 7: Schlußfolgerungen und Konsequenzen, Elitär Verlag 2010, S. 405.

5) Ausdrücklich empfohlen sei die Internetpräsenz www.endritualabuse.org der US-amerikanischen Traumatherapeutin Ellen P. Lacter. Sie stellt in diesem Blog nicht nur viele aufschlußreiche und wissenschaftlich fundierte Informationen zur Verfügung, sondern setzt sich auch für die Beendingung der Mind-Control-Versuche ein.

6) Ellen P. Lacter, Torture-based mind control: psychological mechanisms and psychotherapeutic approaches to overcoming mind control, Working definition of torture-based mind control, in: Ritual Abuse and Mind Control, The Manipulation of Attachment Needs, Edited by Orit Badouk Epstein and others, The Bowlby Centre, Karnac Books 2011, S. 58.

7) Alice Miller, Du sollst nicht merken. Die Realität der Kindheit und die Dogmen der Psychoanalyse, C Warum wird die Wahrheit zum Skandal?, C 8. Achtzig Jahre Triebtheorie, S. 276.

8) Johann Georg Sulzer, Versuch von der Erziehung und Unterweisung der Kinder, 1748, Wikipedia, Schwarze Pädagogik, Geschichtlicher Hintergrund.

9) Alice Miller, Du sollst nicht merken. Die Realität der Kindheit und die Dogmen der Psychoanalyse, NACHWORT (1983), S. 401.

10) Uwe Wesel, Der Mythos vom Matriarchat, Suhrkamp Verlag 1980, S. 81.

11) Alice Miller, Du sollst nicht merken. Die Realität der Kindheit und die Dogmen der Psychoanalyse, Ebd., NACHWORT (1983), S. 408.

12) Ebd., C 4. Der sexuelle Mißbrauch des Kindes, S. 206.

13) Alice Miller, Das Drama des begabten Kindes und die Suche nach dem wahren Selbst, Die Wurzeln der Gewalt, Suhrkamp Verlag 1983, S. 196.

14) Ebd., S. 199.

15) M. Mahler, (1972, S. 17), in: Alice Miller, Das Drama des begabten Kindes und die Suche nach dem wahren Selbst, Suhrkamp Verlag 1983, S. 22.

16) Alice Miller, Das Drama des begabten Kindes und die Suche nach dem wahren Selbst, Suhrkamp Verlag 1983, S. 193.

17) Ebd., Die Wurzeln der Gewalt, S. 198.

18) Fritz Erik Hoevels, Marxismus, Psychoanalyse, Politik, Ahriman-Verlag 1983, S. 35, 36, 37.

19) Erich Neumann, Ursprungsgeschichte des Bewußtseins, ZWEITER TEIL, Die psychologischen Stadien der Persönlichkeitsentwicklung, B. Die Systemtrennung, Zentroversion und Differenzierung, Fischer Verlag 1984, S. 268.

20) Ebd., Einleitung, S. 7.

21) Heinz Peter Röhr, Narzißmus. Das innere Gefängnis, Die Zeit, als das Wünschen noch geholfen hat, Eine alte Hexe, Deutscher Taschenbuch Verlag 2010, S. 28.

22) Erich Neumann, Ursprungsgeschichte des Bewußtseins, ZWEITER TEIL, Die psychologischen Stadien der Persönlichkeitsentwicklung, B. Die Systemtrennung, Zentroversion und Differenzierung, S.279.

23) Ebd., S.281.

24) Hans Ulrich Gresch, Hypnose. Bewußtseinskontrolle. Manipulation, Bewußtseinskontrolle durch Persönlichkeitsspaltung, Teil 2: Abwehrmechanismen und Multiple Persönlichkeitsstörung, S. 128.

25) Ebd., Teil 2: Multiple Persönlichkeiten, Die Dissoziation, S. 122.

26) Ellen P. Lacter, Torture-based mind control: psychological mechanisms and psychotherapeutic approaches to overcoming mind control, Dissociative responses to chronic and acute trauma, in: Ritual Abuse and Mind Control, The Manipulation of Attachment Needs, Edited by Orit Badouk Epstein and others, The Bowlby Centre, Karnac Books 2011, S. 73.

27) Hans Ulrich Gresch, Hypnose. Bewußtseinskontrolle. Manipulation, Bewußtseinskontrolle durch Persönlichkeitsspaltung, Teil 3: Methoden der absichtlichen Persönlichkeitsspaltung, Folter – das Beil der Persönlichkeitsspalter, S. 246.

28) Erich Neumann, Ursprungsgeschichte des Bewußtseins, Zweiter Teil, A. Die Ursprungseinheit, Zentroversion und Ichbildung, Fischer Verlag 1984, S. 217.

29) Hans Ulrich Gresch, Hypnose. Bewußtseinskontrolle. Manipulation, Bewußtseinskontrolle durch Persönlichkeitsspaltung, Teil 2: Multiple Persönlichkeiten, Die Dissoziation, Elitär Verlag 2010, S. 124.

30) Erich Neumann, Ursprungsgeschichte des Bewußtseins, Einleitung, S. 12 unten.

31) Ebd., Zweiter Teil, B. Die Systemtrennung, S. 267.

32) Männerbande – Männerbünde. Zur Rolle des Mannes im Kulturvergleich, hrsg. von Gisela Völger und Karin v. Welck, Band 1, Rautenstrauch-Joest-Museum Köln, 1990.

33) Erich Neumann, Ursprungsgeschichte des Bewußtseins, Erster Teil, B. Der Heldenmythos, I. Die Geburt des Helden, S. 124.

34) Wolfgang Lipp, Männerbünde, Frauen und Charisma. Geschlechterdrama im Kulturprozeß, Männerbünde – Motor nachmutterrechtlicher kultureller Entwicklungen, in: Männerbande – Männerbünde. Zur Rolle des Mannes im Kulturvergleich, hrsg. von Gisela Völger und Karin v. Welck, Band 1, Rautenstrauch-Joest-Museum Köln, 1990, S. 33.

35) Ebd., Peter Meyer, Jan Wind, Marcel Roele, Männerbünde

in soziobiologischer Sicht, Voraussetzungen soziobiologischer Erklärung, S. 75.

36) Ebd., Wolfgang Lipp, Männerbünde, Frauen und Charisma. Geschlechterdrama im Kulturprozeß, Männerbünde – Motor nachmutterrechtlicher kultureller Entwicklungen, S. 35.

37) Erich Neumann, Ursprungsgeschichte des Bewußtseins, ERSTER TEIL, Die mythologischen Stadien der Bewußtseinsentwicklung, A. Der Schöpfungsmythos, II. Die Große Mutter oder Das Ich unter der Dominanz des Uroboros, S. 87.

38) Ebd., B. Der Heldenmythos, II. Die Muttertötung, S. 131.

39) Ebd., A. Der Schöpfungsmythos, II. Die Große Mutter oder Das Ich unter der Dominanz des Uroboros, S.79.

40) Hans Ulrich Gresch, Hypnose. Bewußtseinskontrolle. Manipulation, Bewußtseinskontrolle durch Persönlichkeitsspaltung,Teil2: Multiple Persönlichkeiten, Die Dissoziation, S.121.

41) Erich Neumann, Ursprungsgeschichte des Bewußtseins, ERSTER TEIL, Die mythologischen Stadien der Bewußtseinsentwicklung, A.Der Schöpfungsmythos, II.Die Große Mutter oder Das Ich unter der Dominanz des Uroboros, S.86.

42) Ebd., III. Die Trennung der Ureltern oder das Gegensatzprinzip, S. 105.

43) Ebd., II. Die Große Mutter oder Das Ich unter der Dominanz des Uroboros, S. 57.

44) Max Horkheimer, Theodor W. Adorno, Dialektik der Aufklärung, Exkurs I: Odysseus oder Mythos und Aufklärung, Fischer Verlag 1988, S. 62.

45) Wolfgang Lipp, Männerbünde, Frauen und Charisma. Geschlechterdrama im Kulturprozeß, Männerbünde – Motor nachmutterrechtlicher kultureller Entwicklungen, Opfer, Schuldverschworenheit, Charisma, in: Männerbande – Männerbünde. Zur Rolle des Mannes im Kulturvergleich, hrsg. von Gisela Völger und Karin v. Welck, Band 1, Rautenstrauch-Joest-Museum Köln, 1990, S. 39.

46) Erich Neumann, Ursprungsgeschichte des Bewußtseins, ERSTER TEIL, Die mythologischen Stadien der Bewußtseinsentwicklung, B. Der Heldenmythos, I. Die Geburt des Helden, S. 118.

47) Jørgen Kjaer, Nietzsche. Die Zerstörung der Humanität durch ‚Mutterliebe‘, Westdeutscher Verlag 1990, S. 274.

48) Robert Bly, Eisenhans, Rowohlt Taschenbuch Verlag 2005, S.120.

49) Uwe Wesel, Der Mythos vom Matriarchat, suhrkamp taschenbuch wissenschaft, Frankf./Main 1980, S. 120.

50) Helmut Blazek, Männerbünde: Eine Geschichte von Faszination und Macht, Christoph Links Verlag, März 1999, S. 41.

51) Clarissa Pinkola Estés, Die Wolfsfrau, Die Kraft der weiblichen Urinstinkte, ZWEITES KAPITEL: Auf den Spuren des Eindringlings: Die erste Einweihung, Der innere Räuber der Psyche, Wilhelm Heyne Verlag 1995, S. 58.

52) Gerda Lerner, Die Entstehung des Patriarchats, Kapitel 11, Campus Verlag 1991, S. 283.

53) Erich Neumann, Ursprungsgeschichte des Bewußtseins, ZWEITER TEIL, Die psychologischen Stadien der Persönlichkeitsentwicklung, C. Das Bewußtsein in Ausgleich und Krise, S. 313.

54) Mario Erdheim und Brigitta Hug, Männerbünde aus ethnopsychoanalytischer Sicht, in: Männerbande – Männerbünde. Zur Rolle des Mannes im Kulturvergleich, hrsg. von Gisela Völger und Karin v. Welck, Band 1, Rautenstrauch-Joest-Museum Köln, 1990, S. 49.

55) Claudia v. Werlhof, Maria Mies und Veronika Bennholdt-Thomsen, Frauen, die letzte Kolonie, Rowohlt Taschenbuch Verlag 1988.

56) Gerda Lerner, Die Entstehung des Patriarchats, Kapitel 11, S. 289.

57) Hans-Joachim Maaz, Der Lilith Komplex. Die dunklen Seiten der Mütterlichkeit, IV. Die Störungen der Mütterlichkeit und ihre individuellen Folgen, 3. Muttermangel, Deutscher Taschen-

buch Verlag 2005, 8. Auflage 2013, S. 83/84.

58) Robert Bly, Eisenhans, Rowohlt Taschenbuch Verlag 2005, S. 134/135.

59) Ebd., S. 247.

60) Clarissa Pinkola Estés, Die Wolfsfrau, Die Kraft der weiblichen Urinstinkte, EINLEITUNG: Der Gesang über den Knochen, Wilhelm Heyne Verlag 1995, S. 23.

61) Ebd., S. 24.

62) Ebd.

63) Ebd., S.25.

64) Heinz Peter Röhr, Narzißmus. Das innere Gefängnis, Der Raub der Gefühle, Das falsche Selbst, Deutscher Taschenbuch Verlag 2010, S. 39.

65) Dieter Grimm (Hrsg.), Einführung in das Recht, 2. Rechtsentstehung, 2.3.2 Sinn und Kritik des parlamentarischen Gesetzgebungsverfahrens, 2. Auflage, C.F. Müller Juristischer Verlag Heidelberg 1991, S. 63.

66) Jarass/Pieroth, GG, Grundgesetz für die Bundesrepublik Deutschland, I. Garantie der Menschenwürde (Abs.I), Kommentar, 9. Auflage, Verlag C. H. Beck München 2007, S. 41.

67) Alice Miller, Du sollst nicht merken. Die Realität der Kindheit und die Dogmen der Psychoanalyse, B Die frühkindliche Realität in der Praxis der Psychoanalyse, B 6. Trennungsschmerz und Autonomie, S. 126-127.